Gul Hakeem
Nazmul Hasan

Normalização ou adaptação do sítio Web para os clientes em linha

Gul Hakeem
Nazmul Hasan

Normalização ou adaptação do sítio Web para os clientes em linha

Satisfação dos clientes

ScienciaScripts

Imprint

Any brand names and product names mentioned in this book are subject to trademark, brand or patent protection and are trademarks or registered trademarks of their respective holders. The use of brand names, product names, common names, trade names, product descriptions etc. even without a particular marking in this work is in no way to be construed to mean that such names may be regarded as unrestricted in respect of trademark and brand protection legislation and could thus be used by anyone.

Cover image: www.ingimage.com

This book is a translation from the original published under ISBN 978-620-2-05437-9.

Publisher:
Sciencia Scripts
is a trademark of
Dodo Books Indian Ocean Ltd. and OmniScriptum S.R.L publishing group

120 High Road, East Finchley, London, N2 9ED, United Kingdom
Str. Armeneasca 28/1, office 1, Chisinau MD-2012, Republic of Moldova, Europe
Printed at: see last page
ISBN: 978-620-7-68583-7

Copyright © Gul Hakeem, Nazmul Hasan
Copyright © 2024 Dodo Books Indian Ocean Ltd. and OmniScriptum S.R.L publishing group

Investigação em gestão informática
Título: *Padronizar ou Adaptar: O dilema de um sítio Web no* contexto da satisfação do cliente em linha. Um estudo comparativo da Adhuli e da Unilever Bangladesh
Autores: *Gul Hakeem & Md.Nazmul Hasan*
Supervisor: *Magnus Linderstrom*
Data: M18 *junho, 2013*
Palavras-chave *Web/Home pages, Online Customer Satisfaction, Standardization, Adaptation, Consumer Behavior, MNCs, Culture, Information Technology, Optimization, Unilever Bangladesh, Adhuli, Customer Relationship Management (CRM).*

Resumo

Antecedentes: *As empresas, locais ou estrangeiras, não podem continuar a ignorar a Internet. À medida que a concorrência em linha pelos clientes se intensifica, é fundamental que as empresas compreendam a dinâmica da satisfação do cliente em linha, a chave para vender em linha ou utilizar a Internet através do seu sítio Web para fins informativos. A página Web/home page de uma empresa é o principal e, muito provavelmente, em alguns casos, o único canal em linha com o qual se envolve, interage e atrai clientes. Assim, as empresas precisam de ter seriamente em conta o nível de normalização e adaptação, as dimensões mais críticas da composição da sua página Web, a fim de aumentar a satisfação dos seus clientes em linha.*
Objetivo: *O estudo tenta examinar o efeito da normalização e da adaptação e o seu significado em termos do valor OCS para um sítio Web através de um estudo de caso comparativo, entre um sítio Web de uma empresa multinacional e um sítio Web de um fornecedor local com dois sítios Web distintos: sítios Web informativos e transaccionais. O objetivo é compreender o papel desempenhado pelo grau variável de normalização e adaptação na eficácia do sítio Web em termos de satisfação do cliente em linha.*
Método: *O estudo baseia-se em dados primários e secundários. Em primeiro lugar, foram realizadas entrevistas semi-estruturadas para compreender a perceção que as empresas têm da satisfação dos clientes em linha através dos seus sítios Web. Em segundo lugar, foram realizadas sessões de grupos de discussão para avaliar essa compreensão através dos olhos dos clientes reais. As sessões que se seguiram forneceram ao estudo dados vitais e interessantes sobre o pensamento dos clientes quando utilizavam esses sítios Web e as suas opiniões sobre o grau de normalização ou adaptação necessário para uma melhor satisfação do cliente em linha. Tanto os participantes nas entrevistas como os grupos de discussão foram extremamente relevantes para o nosso estudo, pois forneceram os elos que faltavam no puzzle da satisfação do cliente em linha. No primeiro caso, os participantes eram o cérebro por detrás da conceção do sítio Web através do qual pretendiam atrair e envolver os clientes em linha. Em segundo lugar, os participantes dos grupos de discussão eram relevantes para o estudo por dois motivos. Em primeiro lugar, a maioria dos participantes era cliente de ambas as empresas, o que tornava os seus sentimentos e percepções sobre os sítios Web das empresas críticos e relevantes para a compreensão do estudo sobre a questão. Em segundo lugar, todos os participantes eram estudantes de gestão e negócios e eram utilizadores activos da Internet, pelo que estavam bem posicionados para discutir a questão.*
Público-alvo: *Os nossos principais alvos são as pequenas empresas emergentes especializadas no comércio a retalho em linha exclusivo, num contexto de mercado em desenvolvimento. No entanto, as multinacionais de maior dimensão que pretendam entrar nos mercados em desenvolvimento poderão beneficiar e retirar ensinamentos úteis do nosso estudo e, assim, construir os seus sítios Web específicos de cada país de uma forma mais eficaz. O estudo pode também ajudar os estudantes de investigação sobre este tema específico.*
Questão de investigação: *Qual a importância da normalização e da adaptação do sítio Web de uma empresa no aumento da satisfação online dos clientes no caso da Unilever Bangladesh e da Adhuli?*
Objetivo da investigação: *O objetivo do estudo é realizar um estudo comparativo entre o sítio Web da Unilever no Bangladesh e o sítio Web da Adhuli e, através da comparação e do contraste, identificar o nível de adaptação e normalização que afecta positivamente a satisfação do cliente em linha. A eficácia de um sítio Web no contexto do nosso estudo significa a capacidade do sítio Web para atrair, reter e, em última análise, envolver o cliente num comportamento de compra em linha ou mais tarde num contexto offline. Em última*

análise, a análise dos dois sítios Web num contexto de SCO conduzirá a algumas recomendações que, esperamos, possam ser úteis para futuros retalhistas em linha em mercados semelhantes.

Conclusão: *O sítio Web é, provavelmente, a melhor forma, a mais rápida e a mais económica, de as empresas envolverem os seus clientes e de os incitarem a comprar online ou, em alguns casos, a estabelecerem contacto com eles para um posterior envolvimento offline. Por conseguinte, é essencial que as empresas normalizem e adaptem os seus sítios Web de acordo com as necessidades e os gostos dos seus clientes-alvo para aumentar a satisfação dos mesmos. É importante notar que as multinacionais, especialmente aquelas como a Unilever, com um sítio Web informativo, ignoram frequentemente a importância da adaptação da sua página Web de acordo com os gostos locais dos seus clientes e, por isso, confiam principalmente nos seus conhecimentos tecnológicos, muitas vezes ditados por preocupações de custos minimizados através da normalização. Por outro lado, os vendedores locais, como a Adhuli, com um sítio Web transacional, ignoram frequentemente o valor de páginas Web tecnologicamente sólidas, muitas vezes cegos pelo facto de a sua compreensão do mercado e dos gostos locais, até certo ponto prejudicada também pelos custos, poder satisfazer adequadamente os clientes em linha. Ambas as estratégias resultam na conceção de uma página Web cuja capacidade de aumentar a satisfação do cliente em linha é muito reduzida.*

Agradecimentos

Antes de mais, gostaríamos de agradecer a Alá (SWT) pela Sua ajuda e por nos ter concedido a capacidade de realizar esta dissertação. Foi pela Sua vontade que conseguimos concluir a nossa dissertação e o nosso mestrado.

Estamos profundamente gratos à orientação e supervisão do nosso supervisor Magnus *Linderstrom pelo seu inestimável feedback, comentários, paciência e contributos, que tornaram realidade a conclusão bem sucedida deste relatório.*

Reconhecemos igualmente os esforços de todos os nossos professores que nos orientaram ao longo dos estudos de gestão das TI e nos ajudaram a concluí-los com êxito. Gostaríamos de agradecer à Universidade de Malardalen por nos ter proporcionado um ambiente competitivo e de aprendizagem.

Gostaríamos também de agradecer aos nossos amigos e colegas de turma que contribuíram de muitas formas para a nossa aprendizagem e para fazer da nossa visita à Suécia uma experiência única.

Gostaríamos também de agradecer aos estudantes de gestão e de TI da Universidade de Dhaka pela sua contribuição empenhada para o nosso trabalho e a todos os participantes nas entrevistas da Adhuli e da Unilever Bangladesh pelas suas discussões inestimáveis. A sua participação animou verdadeiramente o debate e enriqueceu a nossa compreensão da questão em causa.

Por último, mas não menos importante, gostaríamos de agradecer aos nossos pais e aos nossos familiares que nos encorajaram e apoiaram e sem as suas orações não teríamos chegado a esta fase. Estamos gratos à nossa família e amigos pelo seu apoio e encorajamento contínuos ao longo dos nossos estudos.

Dedicamos este trabalho a todos vós

Gul Hakeem

gulhakim@yahoo.com
18 de junho, 2013

Md.Nazmul Hasan
bdnazmul@gmail.com 18 junho, 2013

ÍNDICE DE CONTEÚDOS:

OCS	*Online Customer Satisfaction*
MNCs	*Multi-national Corporations*
CRM	*Customer Relationship Management*
Glocalization	*Globalised & Localized at the same time*
E-commerce	*Electronic Commerce*
B 2 C	*Business to Consumer*
IDV	*Individualism*

CAPÍTULO 1

O capítulo centra-se em destacar os antecedentes da questão, ou seja, a importância da dimensão de normalização e adaptação de um sítio Web em termos da sua capacidade no que diz respeito à satisfação do cliente em linha.

1.1   Antecedentes do problema

Os avanços tecnológicos nas comunicações resultaram em mudanças de paradigma num vasto espetro do panorama empresarial. Consequentemente, atualmente, verificam-se muitas mudanças nos padrões de produção e de consumo. Ao tornar o mundo mais plano, a Internet abriu mercados virtuais e oportunidades infinitas para as empresas se ligarem aos seus clientes 24 horas por dia (Friedman, 2005). No entanto, estas crescentes oportunidades de negócio também intensificaram a concorrência; este facto é mais óbvio num contexto em linha do que no contexto convencional de tijolo e argamassa, fora de linha.

Através de um simples clique, a Internet juntou, cara a cara, empresas e clientes de formas nunca antes previstas, criando assim um novo mercado, o mercado em linha. O aparecimento do mercado em linha também virou uma página na balança do poder a favor do cliente. Quer se trate de comprar em linha ou de publicar opiniões e preocupações sobre os produtos ou os padrões de produção de uma empresa, a Internet conferiu um grande poder aos clientes, tornando assim a sua satisfação cada vez mais importante. Para os clientes, a experiência de compra em linha tem várias vantagens em relação à compra convencional fora de linha, em termos de redução dos custos de pesquisa, conveniência, escolha de produtos e opções de marca (Bakos, 1998; Alba et al., 1997). O aumento da concorrência e as implicações estratégicas adversas do insucesso em linha tornam imperativo que as empresas abordem o mercado em linha com extremo cuidado.

A Internet oferece inúmeras vantagens estratégicas às empresas que a utilizam de forma eficaz. É o canal de marketing e vendas mais económico. Estando presente 24 horas por dia, 7 dias por semana, durante todo o ano, oferece às empresas a melhor e mais económica plataforma para publicitar e estabelecer contacto com os seus clientes. Os recentes desenvolvimentos na área das redes sociais tornaram mesmo a comunicação interactiva com os clientes uma realidade. A sua capacidade única de fornecer às empresas dados em tempo real e opiniões dos clientes através de blogues e
Os comentários dos utilizadores melhoraram as suas capacidades de conceção de produtos. No entanto, a utilização da Internet de forma eficaz, "para benefícios tangíveis como as vendas, os lucros, a quota de mercado e o controlo dos custos; e intangíveis como as relações com os clientes, a imagem de marca, a boa vontade e a legitimidade social, tem-se revelado difícil para muitas empresas" (Patterson et al., 1997:15).

Para serem bem sucedidas na Internet, as empresas precisam de utilizar os seus sítios Web de uma forma eficaz, de modo a aumentar a satisfação dos seus clientes. Por utilização eficaz de um sítio Web, entendemos um sítio Web que não só atrai clientes, mas que tem a capacidade de os envolver de forma a retê-los e a aumentar o seu nível de satisfação a ponto de os levar a um comportamento de compra imediato ou a influenciar positivamente a sua perceção da empresa, o que poderá mais tarde beneficiar a empresa num contexto offline. Além disso, a satisfação do cliente em linha requer um conjunto de factores num sítio Web essenciais para melhorar as percepções e experiências dos clientes em linha (McKinney et al., 2002). Os sítios Web das empresas, os seus pontos de venda em linha, têm de garantir a qualidade e a quantidade de informação disponível para os clientes e a facilidade de utilização do design do sítio Web (Wolfinbarger & Gilly, 2001).

Com base nos dados dos nossos grupos de discussão, conseguimos identificar vários factores críticos para a eficácia de um sítio Web em termos de aumento da satisfação dos clientes em linha. Alguns desses factores incluem:

Critical Factor	Ways in which it effects a Customer Satisfaction
Website Quality	*Attracts a customer* *Improves first reaction essential for customer perception*
User friendliness	*Helps with the navigation and thus retains the customer for longer period of time.*
Information Usefulness	*Brings back customers*
Trust	*Ease customer anxieties and positively affects online buying behaviour* *Improves customer loyalty*
Customer Support Feature	*Enhances customer perception* *Reduces purchase anxieties*
Social Networking	*Improves customer perception about the quality of the company and improves the trust factor*

Table 1: Factores Críticos para a Eficácia de um Website (Ilustração Própria)

A satisfação do cliente, num contexto em linha, não é, portanto, uma tarefa fácil, especialmente porque é o resultado do comportamento humano [dos clientes] (McKinney *et al.*, 2002).

Além disso, a satisfação do cliente em linha é o resultado cumulativo das várias fases da experiência que um cliente atravessa num contexto em linha, tais como o despertar da necessidade, a pesquisa de informação, a avaliação de alternativas, a decisão de compra e o comportamento pós-compra (Kotler, 1997).

1.2 Discussão do problema

O comércio entre empresas e consumidores (B2C), em que as empresas abordam os clientes principalmente, mas não exclusivamente, através dos seus sítios Web, é uma área em crescimento no Bangladesh, embora com vários desafios.

Alguns dos obstáculos ao negócio em linha no país incluem a falta de instalações tecnológicas, a ausência de literacia técnica, a falta de proteção jurídica, o défice de confiança entre os clientes e o escasso rendimento per capita (Hossain, 2000). Mas a maré está a mudar a este respeito e grandes metrópoles como Dhaka, Chittagong e outras áreas estão a tornar-se centros quentes para o negócio em linha devido à melhoria das instalações de TI, à literacia informática e geral adequada e ao aumento dos rendimentos per capita (Ali, 2010).

Os utilizadores da Internet estão a aumentar no Bangladesh. O negócio em linha ou, de um modo mais geral, o sector do comércio eletrónico foi impulsionado pelo aumento do número de ligações à Internet.

De acordo com o Banco Mundial, existe uma ligação positiva entre o número de utilizadores da Internet e a sua subsequente utilização para negócios e transacções em linha (WB, 2010). Felizmente, para o Bangladesh, esse número está a aumentar. Em 2007, o número de assinaturas da Internet subiu para 450 000, o que, por si só, ainda é um número muito baixo, cerca de 0,3 % da população total do país, mas é um passo na direção certa.

De acordo com as estimativas de 2009, o número rondava os 600 000 ou 0,5% da população total (WB, 2010). Embora o número absoluto ainda seja pequeno, é a taxa de crescimento que é bastante surpreendente, 450% (Ecommerce Journal, 2009).

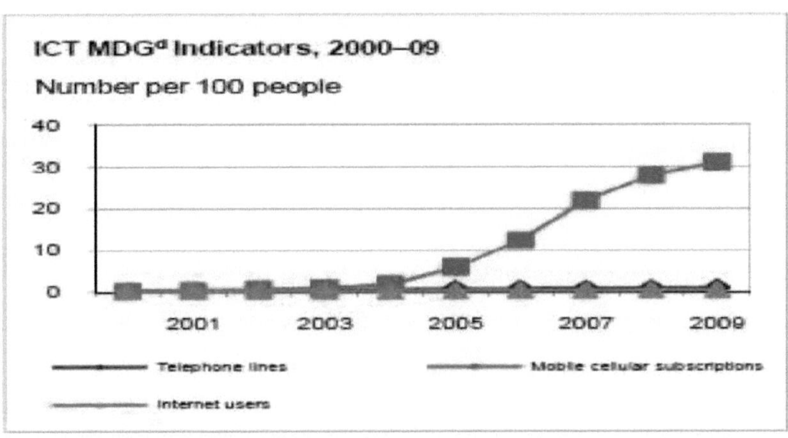

Figura 1: Indicadores das tecnologias da informação e da comunicação, Banco Mundial (2010).

Crucial para o desenvolvimento do B2C no Bangladesh é a melhoria dos pagamentos electrónicos, fundamentais para as transacções comerciais em linha. A melhoria da indústria telefónica, que continua a ser o principal meio de acesso à Internet na ausência de banda larga no país, é um sinal positivo para a melhoria do B2C (Hossain, 2000:19).

Como acontece frequentemente com um mercado em desenvolvimento, a chegada do Bangladesh à cena da Internet foi tardia. Com um sector de comunicações menos desenvolvido, uma corrupção galopante no sector público, instabilidade política e um sistema jurídico fraco, só em 1996 é que o país foi apresentado ao fenómeno da Internet.

No entanto, as reformas socioeconómicas, a estabilidade política, a melhoria do sistema judicial e a melhoria do fator corrupção abriram o mercado em geral e o sector das comunicações em particular aos investimentos locais e estrangeiros (BM, 2010).

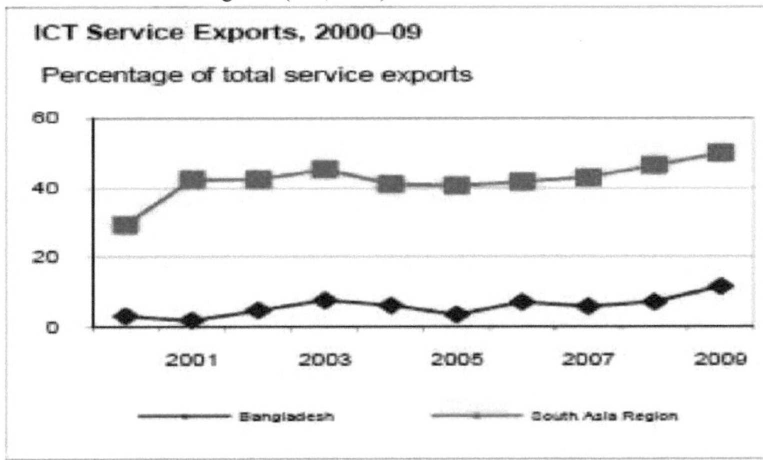

Figura 2: TIC e exportações de serviços do Bangladesh, 2000 - 2009 (Banco Mundial, 2010).

O governo também está a dar os passos certos nesta direção. Ao reduzir as suas elevadas tarifas de Internet para quase metade e ao repensar a sua posição monopolista no sector, a decisão do governo assinala uma mudança positiva para o sector (WB, 2012).

Bangladesh Sector das comunicações

Sector Structure	2000	2009
Separate Regular	No	Yes
Mobile Phones	Competition	Competition
Internet	--------------------	Competition

Quadro 2: Estrutura da concorrência no sector das comunicações do Bangladesh, Banco Mundial (2010).

De acordo com o quadro 2 do Banco Mundial, o sector das comunicações no Bangladesh necessita ainda de reformas estruturais profundas para se tornar competitivo. No ano 2000, o sector da telefonia móvel e o sector da Internet faziam parte do sector das comunicações mais vasto, com pouca separação em termos de sectores. No entanto, nove anos mais tarde, ou seja, em 2009, de acordo com o Banco Mundial, ambos os sectores, o dos telemóveis e o da Internet, foram separados, sendo cada um deles um organismo distinto dentro do sector mais vasto das comunicações. Do mesmo modo, o sector da telefonia móvel tem-se baseado num mecanismo de mercado livre e aberto à concorrência desde a sua criação em 2000 e assim se manteve até 2009. É também encorajador para o comércio eletrónico e as compras em linha, pois vemos que a Internet está a ser aberta à concorrência e existe a possibilidade de, à medida que o país cresce, atrair investimentos para o sector da Internet, aumentando assim o número de utilizadores da Internet no país, com implicações positivas para o comércio eletrónico e as compras em linha.

No entanto, os custos continuam a ser um obstáculo importante à utilização da Internet no país. Em relação aos seus vizinhos e ao resto dos seus homólogos asiáticos, a Internet e, por extensão, o comércio eletrónico no Bangladeche ainda precisam de ser recuperados. Em 2005, o número de fornecedores de serviços Internet (FSI) atingiu quase 180 (ECJ, 2009).

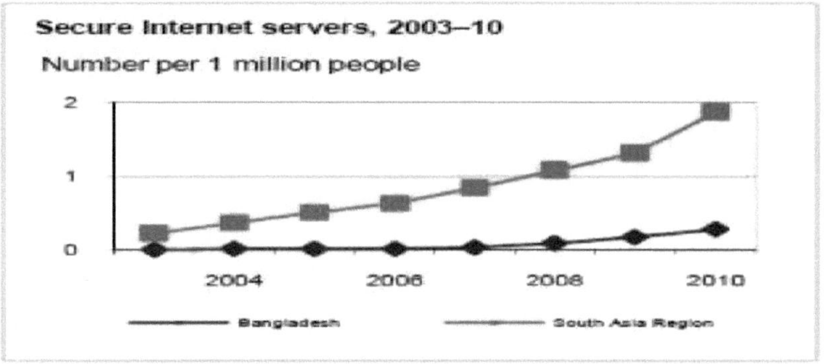

Figura 3: Servidores de Internet, Bangladesh vs. Região da Ásia do Sul (WB, 2010).

A subida dos seus indicadores socioeconómicos suscita otimismo quanto ao crescimento económico global do país e, com ele, quanto à Internet e ao comércio eletrónico. De acordo com o Banco Mundial, o país conseguiu reduzir a pobreza em 8,5% entre 2005 e 2010 (Banco Mundial, 2009). Outras reformas desta natureza ajudarão a melhorar o sector da educação e da comunicação do país, abrindo assim espaço para o crescimento do sector do comércio eletrónico no país.

Por conseguinte, é essencial que as empresas com atividade comercial tenham um sítio Web (Van Nierop et al., 2011). Enquanto algumas empresas utilizam estes sítios Web sobretudo como ferramentas de publicidade para apoiar as suas vendas offline e melhorar a imagem da sua marca, outras utilizam ativamente os seus sítios Web como canais de marketing e de vendas. Assim, os sítios Web podem ser classificados em duas categorias distintas: os informativos e os transaccionais (Lee & Grewal, 2004). De qualquer forma, as empresas não podem ignorar a satisfação do cliente em linha e, por isso, precisam de estar conscientes das expectativas e necessidades dos seus clientes no que diz respeito à conceção dos seus sítios Web.

O objetivo online de uma empresa reflecte a conceção do seu sítio Web (Teo & Pian, 2004). No entanto, um fator crucial permanece inalterado no que diz respeito à eficácia de um sítio Web em termos de satisfação do cliente em linha, independentemente da natureza do sítio Web. É o grau de normalização ou adaptação que uma empresa utiliza na conceção do seu sítio Web que é muito significativo para a satisfação do cliente em linha, tanto num sítio Web informativo como num sítio Web transacional.

Os sítios Web informativos podem beneficiar as empresas de uma forma intangível. Podem ajudar as empresas a melhorar a sua compreensão do conhecimento do cliente, do comportamento de compra e das percepções da marca (Van Nierop et al., 2011). Esta informação pode ser útil para estas empresas na área da conceção de produtos, bem como na conceção de estratégias de marketing, através de uma melhor identificação e direcionamento. As características do sítio Web são importantes, pois determinam o tempo que um cliente passa no sítio Web à procura de informações. Para envolver um cliente durante um período de tempo mais longo, é necessário atingir o nível certo de normalização e adaptação no sítio Web da empresa, de modo a garantir que o sítio Web atrai os clientes, os envolve e, em última análise, melhora as suas percepções com benefícios para a marca da empresa.

Os sítios Web transaccionais, especialmente os sítios Web das empresas que operam exclusivamente em linha, têm pouca margem para erros em termos de satisfação do cliente em linha. Sendo o único canal de vendas e marketing, as implicações estratégicas dificilmente podem ser menos significativas para esses sítios Web transaccionais.

É importante compreender que a satisfação do cliente em linha pode ser dividida em duas categorias, "satisfação com o serviço e satisfação global do cliente" (Shankar et al., 2003:155). Enquanto a primeira é específica da transação, a segunda é mais específica da relação. As transaccionais são mais utilizadas para a venda direta, em que a relação envolve algum tipo de transação através da compra e venda; no caso das informativas, trata-se mais de uma relação indireta que visa relacionar-se com os clientes com um objetivo puramente informativo.

Website Type	Transactional/Service Encounter	Informational/Overall
Online Customer Satisfaction Type	Service encounter satisfaction	Relationship – specific satisfaction
	Adhuli in our case	Unilever Bangladesh in our case

Quadro 3: Tipo de sítio Web e satisfação em linha com base em Shankar *et al.*, 2003:155

É importante compreender que a satisfação do encontro de serviço é melhor abordada pelos sítios Web transaccionais que se concentram na transação ou na tarefa em questão, ou seja, a compra em linha, com pouco ou nenhum esforço para construir uma relação a longo prazo com o cliente. Pelo contrário, o objetivo do sítio Web informativo ou de relacionamento é aumentar a satisfação geral do cliente através da construção de uma relação mais profunda com ele, que vai muito além de um mero encontro de compra único. Num esforço para aumentar a satisfação geral dos clientes, os sítios Web informativos/relacionais estabelecem uma relação única com os clientes.

Os sítios Web da Unilever Bangladesh e da Adhuli, as duas empresas abrangidas pelo estudo comparativo, fazem assim todo o sentido ser incluídos no estudo no contexto do tema desta secção.

A Unilever é um conglomerado mundial com uma presença significativa no mercado do Bangladesh. A empresa gere ativamente o seu sítio Web, mas por outras razões que não a venda direta através do seu sítio Web. O principal objetivo da empresa com o seu sítio Web no mercado é manter-se em contacto com a sua vasta base de clientes; informar os seus clientes sobre os produtos e projectos da empresa; e reforçar e cultivar relações a longo prazo com a sua base de clientes para benefícios estratégicos futuros. Serve também o objetivo de melhorar a imagem da empresa, uma vez que a responsabilidade social da empresa é colocada em primeiro plano no sítio Web.

A Adhuli, a segunda empresa do nosso estudo, adopta uma abordagem muito diferente em relação ao seu sítio Web e utiliza-o para fins transaccionais, ou seja, para a venda direta aos seus clientes. Embora completamente diferente na sua natureza e composição, a composição do sítio Web da Adhuli e o nível de adaptação ao seu mercado principal contrastam bastante com o da Unilever Bangladesh. Sendo uma pequena empresa local em relação à Unilever, a Adhuli tira o melhor partido das suas raízes locais e da sua experiência no mercado local através de uma perspetiva mais adaptada. Neste caso, a adaptação do seu sítio Web é mais uma reminiscência do esforço da empresa para compensar a sua relativa infância no que diz respeito ao saber-fazer tecnológico e ao nível de investimento que pode realizar para envolver os clientes através do seu sítio Web de uma forma mais eficaz.

É importante compreender o significado do estudo em termos do seu valor para a compreensão do sítio Web de uma empresa quando se trata de adaptação e normalização, a fim de aumentar a satisfação online dos seus clientes e transformar o sítio Web num canal valioso para a geração de receitas e gestão da relação com os clientes. Mais ainda, com um estudo comparativo, esperamos descobrir as diferentes forças em ação quando duas empresas distintas, uma local e uma multinacional, com agendas e composições diferentes, se propõem aumentar a satisfação online dos seus clientes através do mesmo meio: o sítio Web.

É importante que os nossos leitores compreendam que a palavra "comparativo", tal como na natureza comparativa do estudo no nosso caso, se refere estritamente à comparação em termos do mesmo mercado, ou seja, o contexto geográfico do Bangladesh em que ambas as empresas operam. Reconhecemos o facto de os mercados no contexto do Bangladesh serem, no entanto, diferentes para ambas as empresas devido aos seus diferentes pontos de venda: A Adhuli através da sua venda direta em linha através do seu sítio Web; a Unilever através da sua venda indireta através de vendedores e franquias. Consideramos que a distinção é necessária para colocar o estudo firmemente dentro do domínio da natureza comparativa geral sem atrair demasiadas críticas devido à diferença na perspetiva do "ponto de venda" das duas empresas envolvidas. Por outras palavras, o nosso objetivo básico foi compreender e analisar a forma como as duas empresas tentam dar sentido às suas estratégias de sítios Web no mesmo mercado, mercado esse definido pelo contexto geográfico. Uma vez que consideramos que as comparações podem ser feitas a diferentes níveis, o nosso estudo examina predominantemente a compreensão das duas empresas em relação aos clientes do Bangladesh e a forma como tencionam abordá-los através dos seus sítios Web, através de uma mistura diferente de normalização e adaptação nos seus sítios Web. Este ponto em comum entre as duas empresas, o facto de se aproximarem dos seus clientes do Bangladesh, permite-nos colocar o estudo no âmbito da comparação.

1.3   Questão de investigação

Qual a importância da normalização e da adaptação dos sítios Web da Unilever Bangladesh e da Adhuli para o aumento da satisfação em linha dos clientes no mercado do Bangladesh?

1.4   Objetivo da investigação

O objetivo do estudo é efetuar um estudo comparativo entre os sítios Web da Unilever e da Adhuli no contexto do Bangladesh. Ao examinar as estratégias de ambos os sítios Web na tentativa de aumentar a satisfação do cliente em linha, o estudo faz a comparação entre os dois sítios Web na dimensão da normalização e da adaptação.

A comparação de ambos os sítios Web baseia-se principalmente em dados recolhidos de fontes primárias e, em última análise, é perspectivada na teoria relevante da literatura existente. Por fim, através da comparação, o estudo fará algumas recomendações que serão úteis tanto para as empresas em geral como para outras empresas aspirantes a fazer negócios em linha, no sentido de melhorar a capacidade de satisfação do cliente em linha do seu sítio Web.

1.5   Grupo-alvo

A utilidade da investigação deste estudo beneficiará principalmente a Adhuli e a Unilever na conceção dos seus sítios Web, de modo a melhorar a sua capacidade de estabelecer uma melhor ligação com os clientes. Os participantes nos grupos de discussão do nosso estudo, principalmente estudantes de gestão e de TI, também podem considerar o valor da investigação do estudo benéfico. Fornecerá um modelo para as start-ups em linha no mercado e permitirá que as grandes empresas concebam os seus sítios Web, mesmo a título informativo, de acordo com as aspirações e percepções dos seus clientes.

1.6 Delimitação

As limitações de tempo e de recursos são potencialmente os principais obstáculos que delimitam o âmbito do estudo. Para ser exaustivo, o estudo centrar-se-á apenas na conceção dos sítios Web e nas estratégias subjacentes a essas concepções pelas empresas-mãe no mercado do Bangladesh. Adoptando uma abordagem holística em relação à dimensão da normalização e da adaptação dos sítios Web, o estudo tem em conta os pontos de vista e a compreensão dos clientes, bem como das empresas, à medida que estas tentam aumentar efetivamente a satisfação dos seus clientes em linha.

Foram realizadas entrevistas telefónicas com a administração de ambas as empresas sobre a sua escolha quanto ao nível de normalização e à dimensão de adaptação dos seus sítios Web e sobre o seu entendimento da satisfação dos clientes em linha. Além disso, foram recrutados estudantes de gestão e de TI da Universidade de Dhaka para realizarem sessões de grupos de discussão, a fim de darem os seus pontos de vista e opiniões sobre os sítios Web de ambas as empresas, bem como classificarem os dois sítios Web de acordo com o seu entendimento da eficácia de cada sítio Web em termos de satisfação dos clientes em linha.

CAPÍTULO 2

Neste capítulo, apresentaremos um quadro teórico baseado em teorias e conceitos relevantes da literatura existente para a nossa secção de análise de dados. A secção também fornece a base teórica para o estudo e a nossa pergunta de investigação

O nosso quadro baseia-se teoricamente nos temas desenvolvidos a partir da nossa revisão da literatura e é concetualmente inspirado pela nossa questão de investigação.

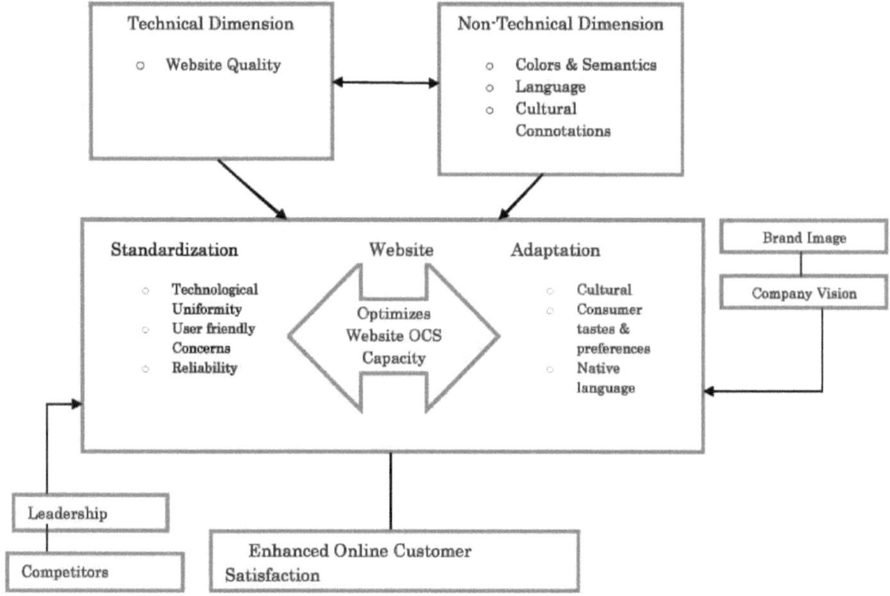

Figura 4: Quadro Conceptual, uma representação figurativa. (Ilustração própria)

Embora a figura possa parecer assustadora, o nosso quadro concetual é bastante simplista. Trata-se de um esquema analítico que descreve os vários factores em linha que actuam quando as empresas e os clientes se posicionam para comunicar através da Internet. Em termos do seu valor prático para nós, facilitou muito a nossa tarefa de discussão, análise e investigação.

O nosso quadro pode ser facilmente dividido em duas componentes principais: factores endógenos e exógenos. Em primeiro lugar, no que se refere aos factores endógenos, as empresas esforçam-se por encontrar uma combinação adequada de normalização e adaptação em termos de conteúdo e design do seu sítio Web, com o único objetivo de estabelecer uma ligação e, em última análise, melhorar a experiência de compra em linha dos seus clientes, promovendo assim os seus próprios interesses estratégicos. A combinação certa de normalização e adaptação torna imperativo que as empresas analisem mais de perto o sistema de valores culturais dos seus clientes, a fim de o reflectirem na sua comunicação na Web com os clientes, prestando simultaneamente atenção aos seus custos. Por outro lado, ao nível dos factores exógenos, está fora do controlo da empresa influenciar as condições. Factores como os seus concorrentes, o comportamento dos consumidores, a disposição e o momento do seu público-alvo e a sua imagem de marca offline são decisivos neste momento para o sucesso do esforço da empresa em termos do desempenho do seu sítio Web no que diz respeito à satisfação online dos seus clientes.

Mas a combinação correcta dos factores endógenos garante o sucesso, apesar da importância relativa dos factores exógenos. Mais ainda, as empresas podem atenuar a incerteza associada aos factores exógenos, neste caso, com uma combinação correcta de adaptação e normalização nos seus sítios Web para aumentar a satisfação online dos clientes. No entanto, a parte complicada é encontrar a combinação certa de normalização e adaptação. Esta combinação correcta de normalização e adaptação é o que resulta na satisfação online dos clientes, quando a empresa identifica corretamente o que melhora a experiência online do cliente através da sua página Web e apresenta o nível de normalização e adaptação necessário para desencadear essa resposta do cliente.

2.1 Conceitos e argumentos: Uma pequena lista

Alguns dos nossos conceitos e argumentos fundamentais para a compreensão das nossas questões de investigação sobre a satisfação dos clientes em linha são os seguintes
- *comércio eletrónico e páginas web/home pages*
- *Normalização e adaptação*
- *Satisfação do cliente online*
- *Cultura*
- *Gestão das relações com os clientes (CRM)*

2.2 Discussão de conceitos

A definição e a clareza são essenciais para a simplicidade da tarefa. Por conseguinte, consideramos que, ao destacarmos os nossos conceitos e argumentos principais, será mais fácil não perdermos de vista os principais argumentos e, além disso, o manuscrito do documento será coerente e sistemático.

2.2.1 Comércio eletrónico e páginas Web/Home Pages

A globalização e o rápido avanço tecnológico resultaram no crescimento da Internet, que, por sua vez, conduziu à explosão do comércio eletrónico (Trejo-Gonzalez, 2010). O quadro 4 mostra uma fascinante ficha informativa sobre a importância de uma boa página Web/home page no contexto dos negócios em linha face a uma página medíocre (Gunelius, 2008):

Per cent (Ability of a good website as opposed to a bad one)	Quality Website Ability
81 %	*Induce customer return*
59 %	*Product recommendation*
73 %	*Enables online buying*
41 %	*Results in offline buying*

Tabela 4: Sítios Web bons e maus

Como mostra o quadro acima, os bons sítios Web - sítios Web que têm em consideração as características essenciais para a satisfação do cliente em linha - são capazes de desencadear um comportamento positivo do cliente em linha. Ao fazê-lo, os bons sítios Web são 81 % das vezes bem sucedidos em induzir um cliente a regressar ao sítio Web, melhorando assim a relação com os clientes e aliviando as suas ansiedades na Web. Do mesmo modo, ajuda a recomendar produtos de forma substancial e, ao aliviar as ansiedades em linha dos clientes, pode efetivamente levar um cliente a comprar em linha. Além disso, um sítio Web de qualidade contribui para melhorar a imagem offline da empresa e pode ajudar a aumentar as compras também num contexto offline.

A fim de aproveitar eficazmente o poder deste novo fenómeno, as empresas estão ativamente envolvidas com os seus clientes através das suas páginas Web/home pages (Hoffman & Novak, 1996), num esforço de marketing sem fim. No entanto, no meio de toda esta hiperatividade entre as empresas e literalmente milhares de milhões de clientes em todo o mundo, obter uma resposta positiva que termine numa experiência de compra exige a congruência da página Web de uma empresa de acordo com as percepções dos clientes em linha (Luna et al., 2002). A obtenção desta congruência peculiar depende do período de funcionamento e das condições do mercado externo num determinado mercado, utilizando uma combinação correcta de normalização e adaptação no design da página inicial/web (Theodosiou & Leonidou, 2003).

2.2.2 Normalização vs. Adaptação

De acordo com Singh & Boughton (2002), a normalização das operações em linha de uma empresa, principalmente através das suas páginas Web/home pages, é a abordagem adoptada pelas empresas para ignorar as diferenças peculiares entre os seus clientes nacionais e internacionais. O ímpeto para uma estratégia tão evidentemente arriscada do ponto de vista da satisfação do cliente é o desejo implacável de poupar custos (Kambil, 1995). A principal crítica que a abordagem de estandardização implica é a sua flagrante orientação para o produto, com um desprezo quase total pelo aspeto humano/cliente (Laughlin et al., 1994).

A abordagem de adaptação em relação à página Web da empresa é, na sua essência, o desejo de estabelecer uma ligação com os clientes de uma forma mais significativa e estratégica. Esta abordagem está mais virada para os clientes do que abertamente orientada para o produto (Singh et al., 2004). A abordagem de adaptação tem as suas raízes no carácter distintivo da comunicação na Web/online, com o objetivo de criar uma "experiência óptima" ou "fluxo" com os clientes de uma forma mais personalizada, com implicações positivas em termos de vantagem estratégica (Singh et al., 2004:78; Tixier, 2005).

Sinkovics, R., Yamin, M. & Hossinger, M. (2007) aprofundam o debate sobre o nível de adaptação e normalização necessário para melhorar a satisfação do cliente em linha no contexto dos custos da empresa. As suas conclusões básicas sugerem uma abordagem mais relaxada por parte das empresas relativamente à adaptação em termos de congruência cultural. Uma explicação provável para esta abordagem é a inclinação relativamente mais fraca dos clientes no mundo desenvolvido. As empresas multinacionais parecem assim explorar este aspeto de alienação cultural destes mercados em seu benefício, adoptando uma abordagem mais padronizada para poupar custos. Do nosso ponto de vista, é apenas uma questão de tempo até assistirmos a uma reação negativa por parte dos clientes, que se apercebem desta abordagem ignorante em termos de personalização cultural. Os acontecimentos sociais e económicos, como o contínuo mal-estar económico, podem desencadear ondas nacionais e culturais com implicações negativas para esta abordagem. A abordagem também mostra sinais da "*armadilha* da virtualidade", em que as empresas que estão distantes dos mercados ignoram as características tangíveis dos mercados em que estão a operar (Yamin & Sinkovics, 2006).

2.2.3 Satisfação do cliente online

A satisfação é um fenómeno completamente distinto online do que offline (Shankar *et al.*, 2003). A principal diferença reside apenas no facto de o ambiente online dominar o offline em termos da vasta quantidade de oportunidades que oferece para o marketing interativo e personalizado (Wind & Rangaswamy, 2001). Alguns dos factores significativos em termos de satisfação do cliente online estão relacionados com o comportamento do cliente e a diferença de atitudes online e offline (Shankar et *al.*, 2003). As diferenças na sensibilidade ao preço em relação ao offline (Rangaswamy & Pusateri, 2001); e o maior valor atribuído às marcas online está relacionado com uma atitude diferente dos clientes online (Degeratu et *al.*, 2000). Assim, a satisfação do cliente em linha continua a ser a mesma em termos de resultado final, ou seja, "a perceção do cliente de uma realização agradável de um serviço" (Shankar et *al.*, 2003: 154), mas com um conjunto diferente de factores de influência em jogo em linha, por oposição a fora de linha.

Sendo a Web/internet um meio totalmente cultural (Singh et *al.*, 2003), é imperativo que as empresas reflictam a semântica cultural dos seus clientes nas suas páginas Web para uma melhor ligação aos clientes.

2.2.4 Importância da adaptação no contexto cultural

De acordo com a definição de Hofstede, "a cultura é a programação colectiva da mente humana que distingue os membros de um grupo humano dos de outro. Neste sentido, a cultura é um sistema de valores colectivos" (Hofstede, 1981:24). Embora a definição de cultura de Hofstede (1980) tenha sido prontamente aceite offline, as empresas precisam de a integrar nas suas comunicações na Web para se relacionarem melhor com os seus clientes. Por conseguinte, é importante que as empresas integrem estas sensibilidades culturais nas suas operações em linha através das suas páginas iniciais para dar aos seus clientes um sentimento de pertença e, assim, desencadear um sentimento mais profundo de ligação com estas empresas (Okazaki & Skapa, 2008).

O estudo de Gonzalez-Trejo, E. (2010), sobre a falta de interesse das empresas mexicanas em adaptar os seus sítios Web internacionais de acordo com os princípios de congruência cultural, mostra a infância do mercado em linha mexicano em termos de utilização da Internet como uma ferramenta de marketing competitiva para uma melhor gestão das relações com os clientes. Esta abordagem terá um impacto negativo na usabilidade e interatividade dos seus sítios Web, reduzindo assim a experiência e a satisfação dos clientes e, em última análise, as suas vendas em linha (Singh et *al.*, 2003).

2.2.5 Estratégias Web das MNCs num contexto de SC

Okazaki, S. & Alonson, J. (2003) analisam as diferentes estratégias utilizadas pelas empresas multinacionais japonesas em comparação com os seus concorrentes americanos e espanhóis em termos de comunicação em linha com os seus clientes.

Também aqui o contexto cultural parece influenciar a abordagem em linha de uma multinacional. Sendo as culturas japonesa e espanhola de contexto elevado, as multinacionais destes países adoptam uma abordagem mais suave na sua comunicação em linha. No caso americano, o oposto é verdadeiro, tornando a sua comunicação em linha mais dura em relação à dos japoneses.

Numa cultura de alto contexto, as mensagens complexas são reduzidas a poucas palavras e as palavras simples e isoladas têm um significado muito importante. As conotações das palavras tornam-se mais importantes do que o seu significado literal [denotação]. Pelo contrário, numa cultura de baixo contexto, as mensagens e as comunicações são mais precisas e directas. Exemplos de culturas de alto contexto são a chinesa, a árabe, a indiana, a coreana, a japonesa, etc. O inglês, o escandinavo, os EUA e o alemão são, por outro lado, alguns exemplos de culturas de baixo contexto (Hall, 1976).

A nossa fonte de dados tende a situar-se na cultura de contexto elevado e, por conseguinte, seria interessante verificar se o mesmo se aplica às empresas do Bangladesh em termos das suas comunicações na Web com os seus clientes, bem como o grau de abordagens de venda suave e difícil nas mensagens dos sítios Web das multinacionais no mesmo mercado e o efeito no nível de satisfação dos clientes demonstrado pela sua atividade comercial.

2.3 Outras questões relacionadas

Ligadas à questão da normalização e da dimensão de adaptação do design de um sítio Web e do seu papel na satisfação do cliente em linha, há também outras questões que temos de compreender antes de podermos pôr as coisas em perspetiva a este respeito. São elas as seguintes:

2.3.1 Glocalização

Sutikno, B. & Cheng, J. (2010), no seu trabalho, tentam examinar a importante questão da *glocalização, ou seja,* ser local e global ao mesmo tempo. Considerámos o trabalho importante por duas razões óbvias. Em primeiro lugar, sendo relativamente recente em termos da sua data de publicação, tem em conta e integra a investigação existente até à data. Em segundo lugar, e mais importante, o artigo investiga sítios Web locais e globais no contexto de um país em desenvolvimento, o que é bastante semelhante às condições da nossa investigação.

Ao investigar as abordagens em linha das multinacionais num mercado local, o estudo examina as diferentes abordagens das multinacionais baseadas na normalização e na adaptação, num determinado mercado. Estas diferentes abordagens baseiam-se principalmente em categorias de produtos, definidas como produtos duradouros e não duradouros. No entanto, estudar a abordagem em linha das multinacionais com base em categorias de produtos tem um risco negativo, especialmente quando um mercado tem muito menos categorias de produtos, limitando assim a escolha dos clientes nesse mercado específico. Além disso, uma análise da abordagem em linha das multinacionais em relação aos clientes baseada nos produtos também não tem em conta os traços culturais mais profundos e complexos desse mercado específico.

Outro problema com a análise orientada para o produto da abordagem em linha das multinacionais em relação aos seus clientes é o facto de se considerar que os bens industriais e de alta tecnologia, duráveis, são culturalmente inelásticos, enquanto os bens perecíveis, não duráveis, são culturalmente elásticos (Taylor & Johnson, 2002). Se concordarmos com este ponto de vista, torna-se evidente que as empresas multinacionais especializadas em bens duradouros de alta tecnologia têm de ter em conta qualquer tipo de adaptação nos seus sítios Web para estabelecerem ligações em linha com os seus clientes, ao passo que as empresas multinacionais que lidam com bens não duradouros estão predominantemente inclinadas para a adaptação nos seus sítios Web, a fim de estabelecerem ligações com os seus clientes em linha, um facto que ainda não foi comprovado por provas empíricas. No entanto, a emergência de blocos económicos poderosos no mundo em desenvolvimento e o seu progresso no fabrico de bens duradouros, combinados com o nacionalismo, limitam consideravelmente a abordagem acima referida. Na nossa opinião, a congruência cultural, mais do que a categoria do produto, continua a ser um fator muito fiável na determinação da quantidade de glocalização [uma mistura de adaptação e normalização] nos sítios Web das empresas globais para a satisfação dos clientes em linha (Luna et al., 2002).

2.3.2 Fidelidade e satisfação do cliente online

Shankar, V., Smith, A. & Rangaswamy, A. (2003), investiga a dinâmica da lealdade dos clientes tanto em linha como fora de linha. O seu estudo revela uma diferença fascinante em termos de fidelização em linha e fora de linha. A fidelidade a um produto ou serviço permanece a mesma, independentemente do produto ou serviço escolhido em linha ou fora de linha. No entanto, os produtos ou serviços escolhidos em linha mostram claramente um nível muito mais elevado de lealdade à marca do que se forem escolhidos fora de linha. Uma explicação óbvia pode ser o nível de confiança exigido num cenário em linha do que num cenário fora de linha. Num cenário em linha, que é de natureza virtual, o nível de ansiedade dos clientes relativamente à experiência de compra é muito mais elevado. Nomes e imagens de marcas de renome têm frequentemente um efeito calmante numa situação deste tipo, aumentando assim a satisfação dos clientes com a decisão.

Themes	Argument	Article author/s
1. Glocalization	*An amalgam of internationalization & local cultural touch within a company's webpage in an effort to connect with customers in a meaningful way.*	Sutikno, B. & Cheng, J. 2011. Sing *et al.*, 2004 Sutikno, B. & Cheng, J. 2011.
• **Product categories**	*MNCs and local companies take a different approach to their website design based on the product category*	Sinkovics *et al.*, 2007 Ahn *et al.*, 2010, David, 2007 Okazaki & Skapa, 2008 Okazaki, 2005; Singh & Baach, 2004
2. Standardization vs. Adaptation	*Better customer communication which by extension means better customer xperience online requires careful cultural semantics within a company's website.*	Lee *et al.*, 2007. Liao *et al.*, 2009 Gonzalez- Trejo, 2010
3. Cultural value	*Significance of national cultures within an online setting for customer sati connection.*	Hofstede & Hofstede, 2007
• **Value & Norms**	*Cultural intricacies which are subtle in nature but can be the defining difference between a website that offers online customer satisfaction through experience uplift as opposed to one which worsen off a customer online*	Blanksvard & Norlander, 2008

	experience.	
• **Language**	*A native language webpage helps connect the locals on a personal level thereby enhancing their online experience and helping establish a strategic relationship with the local customers.*	Grosse, 2007 Nantel & Glaser, 2008 Liu *et al*, 2008, Hsuehen, 2006 Heiner *et al.,* 2004 Kim & Stoel, 2004 Devaraj *et al.*, 2002

4. Web Customer Satisfaction
 	
  • Information quality
    1. Relevance
    2. Understand ability
	Customer satisfaction online depends on a company's website information quality and system quality.	McKinney, *et al.,* 2002

3. Reliability
    4. Adequacy
    5. Scope
    6. Usefulness
  • System Quality
    1. Access
    2. Usability
    3. Entertainment
    4. Navigation
    5. Interactivity
	Website quality on the whole, both information quality and system quality, is found to have a direct connection satisfaction online which in turn has a direct impact on purchase behavior.	Bai *et al.,* 2008
		Lin, 2007, Kim & Lim, 2001

5. MNCs Web Strategies	*Global corpor highly sensitive to customers' satisfaction differentiate the webpages based on soft and hard sell strategies for maximum customer sati connection.*	Nusair & Kandampully, 2008
6. Online Customer Satisfaction & Loyalty	*While custo satisfaction remains the same irrespective of the buying decision taken online or offline, customer loyalty remains high when the product is bought online than offline. More so, customer satisfaction and customer loyalty are directly linked in a manner that both reinforces each other and this relationship gets further succor from online experiences.*	Okazaki & Alonson, 2003
7. Online Customer Satisfaction Measurement	*A relatively new index the e-CSI (customer Satisfaction Index) a modified version of the ACSI (American Customer Satisfaction Index) uses antecedents from customer satisfaction level i.e. trust and perceived value along with two customer sati el consequences i.e. complaints & customer loyalty. The e-CSI is the result of the integration of the satisfaction literature and goes a*	Shankar *et al.*, 2003

	long way in helping companies measure in a meaningful way their customer satisfaction level.	
8. Customer Segmentation Online	*Optimal utilization of the company webpage enables a company to effectively valuable customers and enhance their customer experiences, which can ultimately lead to improved customer satisfaction and loyalty.*	Hsu, 2008 Hong & Kim, 2012
9. Consumer Behavior	*Online customer satisfaction is greatly impacted by computer self-efficacy and computer anxiety from a customer perspective.*	Lee *et al.*, 2008
10. Online CRM Management	*The company's webpage can be used to enhance CRM through improved database at cost- efficient ways.*	O'Leary *et al.*, 2004

Quadro 5: Lista de conceitos-chave e argumentos (Ilustração própria)

CAPÍTULO 3

O capítulo centra-se nos métodos utilizados no estudo desde o início, ou seja, a seleção do tema até à escolha das empresas, o método de investigação utilizado, a abordagem e a natureza da investigação do estudo, a seleção da teoria relevante da literatura, as formas de recolha dos dados primários, a recolha de dados secundários, a escolha da amostra e, finalmente, os critérios de investigação tidos em conta no estudo.

3.1   Seleção de tópicos

A seleção de um tema nunca é fácil, especialmente quando o campo de estudo é demasiado vasto como o nosso. No entanto, após algumas sessões de brainstorming, acabámos por restringir a nossa pesquisa de tópicos à área do comércio eletrónico por algumas razões. Pessoalmente, achámos que o comércio eletrónico é interessante porque utiliza tanto as tecnologias da informação (TI) como os princípios da gestão. Além disso, o comércio eletrónico é uma área relativamente nova com amplas oportunidades de investigação.

A difusão da Internet e o aparecimento do comércio eletrónico tornaram a presença online através de sítios Web uma necessidade para as empresas, tanto globais como locais. O aparecimento de modelos de negócio poderosos baseados exclusivamente no comércio eletrónico, como a Amazon.com e o eBay, fez do sítio Web uma ferramenta potente de marketing e vendas. É, portanto, o nosso fascínio pela forma como um sítio Web atrai, retém, envolve e, em última análise, induz um cliente a comprar em linha que nos permitiu finalmente fixar-nos nos sítios Web e na sua capacidade de aumentar a satisfação do cliente em linha.

A escolha de um mercado em desenvolvimento foi uma oportunidade aliciante, uma vez que pouca investigação foi feita neste contexto. Escolhemos duas empresas diferentes, diferentes em todos os sentidos da palavra, no Bangladesh, para comparar as suas estratégias de conceção de sítios Web no contexto da satisfação dos clientes em linha.

No âmbito do estudo, foi feita uma tentativa exaustiva de compreender como duas empresas diferentes, com um conjunto diferente de pontos fortes e fracos, abordam o aspeto vital da satisfação do cliente em linha através da conceção do seu sítio Web e como utilizam a dimensão de normalização e adaptação de um sítio Web ao tentarem cativar os seus clientes.

3.2   Seleção de empresas

Uma vez que optámos por uma abordagem de estudo comparativo no nosso estudo, era importante escolher duas empresas no mercado do Bangladesh e, assim, estudar as suas estratégias de conceção de sítios Web e examiná-las no contexto da satisfação em linha dos clientes.

Antes de seleccionarmos as empresas para o nosso estudo, certificámo-nos de que a nossa escolha era avaliada em três aspectos diferentes. Em primeiro lugar, as empresas tinham de ser diferentes na sua natureza, ou seja, uma local e a outra estrangeira. A vantagem seria a existência de duas perspectivas diferentes sobre a questão da normalização e da adaptação na conceção de um sítio Web no contexto da satisfação do cliente em linha. Outras diferenças em termos de conhecimentos tecnológicos e posição financeira significariam certamente um contraste nas suas estratégias em linha, enriquecendo o nosso estudo comparativo.

Em segundo lugar, tivemos de nos certificar de que escolhíamos sítios Web que se enquadrassem em ambas as categorias: sítios Web informativos e sítios Web transaccionais. Esta diferença na abordagem da empresa permitir-nos-ia compreender as diferentes perspectivas. Por fim, escolhemos a Unilever e a Adhuli pela sua dimensão relativa. O domínio global da Unilever como empresa de produtos de consumo e a dimensão relativa da Adhuli no mercado local como empresa exclusivamente em linha destacaram-se no lote das suas respectivas ligas.

	Company Name	Web/Home Page
1	Adhuli	*http://www.adhuli.com/*
2	Unilever	*http://www.unilever.com.bd/*

Quadro 6: Empresas-alvo do nosso estudo

3.3 Método de investigação

O método de investigação inclui todos os aspectos do estudo relacionados com a investigação. Inclui a justificação filosófica da investigação, a conceção da investigação envolvida e, por fim, os processos de recolha de dados (Myers, 1997: 241).

A importância do método de investigação é múltipla. Essencialmente, dá ao leitor um roteiro mais claro desde o início até ao fim. Começa com a descrição do objetivo da investigação, de modo a colocá-lo em perspetiva. Em seguida, passa à metodologia de recolha dos dados que serão utilizados no âmbito da investigação para chegar aos resultados. Mais importante ainda, dá uma visão geral da fiabilidade, validade, transparência e objetividade dos métodos utilizados, de modo a manter a integridade do trabalho de investigação e, ao mesmo tempo, apresentar um trabalho lógico e sistemático.

3.4 Género de investigação: Qualitativa

O nosso estudo de investigação enquadra-se perfeitamente na vertente qualitativa da investigação e, por isso, foi utilizado como um estudo de caso comparativo. A comparação de designs de sítios Web pelo seu grau de normalização e adaptação ao contexto da satisfação do cliente em linha é mais adequada ao género de estudo comparativo e, por isso, tornou a nossa tarefa de seleção de métodos muito mais simples. É importante, para a compreensão dos nossos leitores, determo-nos um pouco no significado de investigação qualitativa. A investigação qualitativa implica a exploração de questões, a obtenção de respostas a questões previamente definidas e a compreensão de padrões e fenómenos (Bryman, 2009). Ao contrário da investigação quantitativa, que se baseia em estatísticas para a análise, a investigação qualitativa resume-se à capacidade do investigador (Kalof *et al.*, 2008). Embora isto deixe muitas vezes a investigação qualitativa exposta à acusação de subjetividade, contribui definitivamente para o seu sabor e diversidade. Existem várias técnicas qualitativas diferentes no que respeita à produção de dados. Algumas das mais significativas e que utilizámos no estudo são os grupos de discussão, as entrevistas e as observações.

É importante mencionar aqui que, embora o nosso estudo seja de natureza qualitativa, para melhorar a qualidade dos nossos resultados empíricos, utilizámos algumas ferramentas quantitativas, como os gráficos de barras, para realçar e quantificar os resultados das entrevistas e dos grupos de discussão. Por conseguinte, é importante perceber que os gráficos de barras no âmbito do estudo não são mais do que um esforço para realçar as conclusões dos dados de uma forma viva e animada. Afinal, os números são mais eficazes na comunicação de dados e informações do que meras palavras.

3.5 Abordagem de investigação: Dedutivo

O âmbito do nosso estudo de investigação determinou a abordagem de investigação que utilizámos no estudo. Uma vez que, ao longo de todo o estudo, nos baseámos nas teorias existentes na literatura existente para chegar a conclusões, não havia espaço para qualquer outra abordagem (Fischer, 2008).

Mais ainda, as nossas limitações de tempo e de recursos não nos permitiram o tempo e os recursos necessários para nos envolvermos numa investigação indutiva. Uma investigação indutiva é uma abordagem de baixo para cima em que, através de experiências e observações, o investigador tenta criar novas teorias (Bryman, 2010). No nosso caso, era importante que terminássemos o nosso estudo a tempo, pelo que tivemos de nos basear nas teorias existentes na literatura.

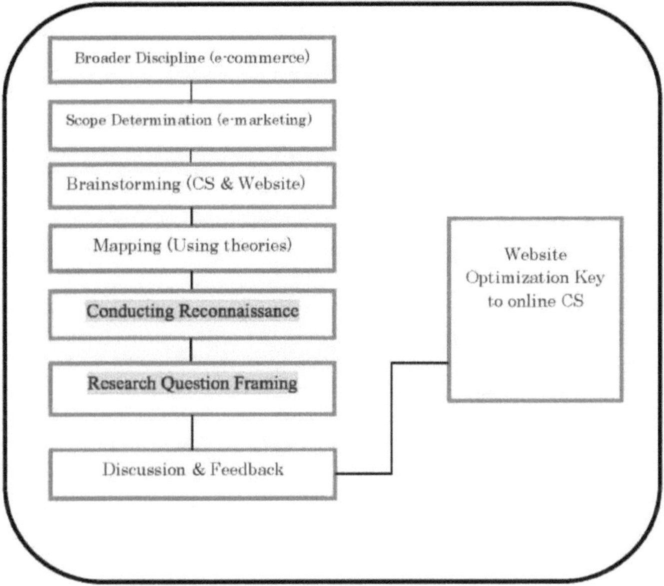

Figura 5: Processo de dedução em papel, Fischer (2007: 33 - 37).

A nossa procura de um tema de investigação adequado começou na área do comércio eletrónico. Os nossos estudos de base em marketing e tecnologia da informação tornaram o comércio eletrónico uma escolha relevante. No passo seguinte, a fase de determinação do âmbito, certificámo-nos de restringir a nossa área de pesquisa mais ampla à categoria de marketing eletrónico. Após uma longa sessão de brainstorming, o aparecimento de sítios Web como plataforma de ligação com os clientes em linha e a consequente satisfação dos clientes pareceu uma proposta interessante. A sessão de brainstorming foi seguida de uma fase importante, a fase de mapeamento. Para que a investigação fosse relevante e credível, tivemos de mapear as teorias relevantes no âmbito da investigação atual, a fim de fornecer um quadro teórico sobre o qual construir o nosso estudo. De seguida, durante a fase de reconhecimento, foi feito um esforço e um tempo minuciosos e substanciais para discutir o tópico com o nosso supervisor e colegas, de modo a avaliar a importância e a relevância do tópico de estudo. Posteriormente, na fase seguinte, tentámos formular a nossa pergunta de investigação. Finalmente, através de discussões e feedback, chegámos à conclusão de que a otimização do sítio Web de uma empresa, em termos de normalização e adaptação do sítio Web, é importante para a satisfação dos clientes online.

3.6 Seleção de teorias

Uma crítica da literatura relevante no âmbito da literatura existente é "essencial para a descrição e discussão da literatura relevante" (Fischer, 2007: 78). No entanto, também serviu vários objectivos práticos e académicos (Bryman, 2008). Ajudou-nos a evitar a desorientação literária quando confrontados com enormes quantidades de literatura e, assim, permitiu-nos encontrar as teorias e os conceitos relevantes para o nosso objetivo de investigação. Deu-nos pistas sobre os métodos utilizados em estudos anteriores e sublinhou quaisquer controvérsias existentes na área de investigação. Mais ainda, chamou a nossa atenção para eventuais inconsistências na nossa área de investigação.

Vamos agora debruçar-nos sobre as principais componentes de uma revisão crítica da literatura, começando pelas palavras-chave e prosseguindo para a seleção e escolha das bases de dados para a nossa coleção de literatura.

3.7   Métodos de análise crítica

A investigação relevante é identificada através de palavras-chave relacionadas com o nosso tópico. A utilização de palavras-chave na identificação, seleção e utilização final de artigos da literatura ajuda a gerir eficazmente as limitações de tempo, bem como a evitar a seleção de trabalhos de investigação irrelevantes ou mesmo desactualizados.

3.7.1   Palavras-chave

Segue-se a lista de palavras-chave utilizadas para identificar e procurar trabalhos de investigação relevantes na literatura existente. Devido à complexidade do tema em si, é importante mencionar que foi examinada a literatura existente em várias disciplinas relacionadas com o marketing, as tecnologias da informação, a gestão das relações com os clientes, a gestão, a psicologia e a economia.

A lista abaixo dá uma ideia geral das palavras-chave utilizadas na nossa pesquisa bibliográfica; dividimos ainda as nossas palavras-chave em palavras-chave *primárias* e *secundárias*. Como o cerne da nossa pesquisa pretende investigar o nível ótimo de *normalização* e *adaptação* no sítio *Web* de uma empresa para a *satisfação online do cliente,* as quatro palavras acima mencionadas constituem as nossas palavras-chave primárias. O resto da lista corresponde às nossas palavras-chave secundárias, que estão intimamente ligadas à nossa pergunta de investigação, mas não fazem parte da pergunta propriamente dita.

- *Páginas Web/Home pages*
- *Satisfação do cliente online*
- *Normalização*
- *Adaptação*
- *Comportamento do consumidor*
- *Empresas multinacionais (MNCs)*
- *Gestão das relações com os clientes (CRM)*
- *Cultura*
- *Benefícios estratégicos*
- *Tecnologia da Informação (TI)*
- *Fazer sentido*

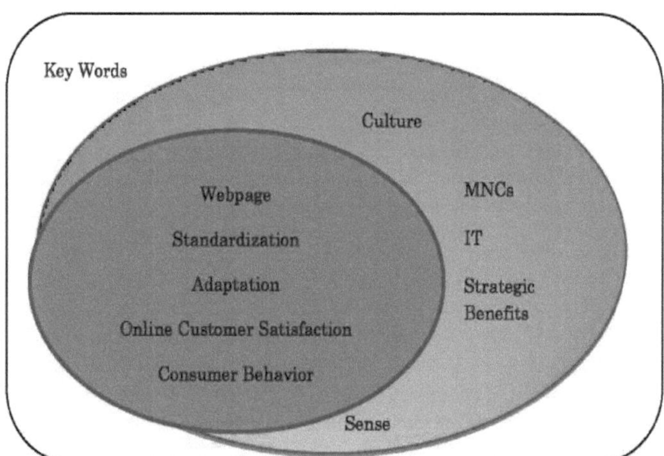

Figura 6: Representação gráfica das palavras-chave, primárias e secundárias

A combinação das palavras-chave primárias/núcleo com a lógica booleana permitiu-nos restringir a nossa pesquisa de vários artigos da literatura com base na sua relevância. Além disso, a lógica booleana foi útil para estabelecer uma cadeia de pesquisa, garantindo assim uma pesquisa eficaz em termos de tempo. No entanto, devido à natureza interdisciplinar do nosso tema de investigação, tivemos de contemplar várias cadeias de pesquisa para cobrir um vasto campo de várias disciplinas. Segue-se um exemplo da nossa principal cadeia de pesquisa utilizando a lógica booleana:

Sítio Web E Normalização E Adaptação E Satisfação do cliente

De igual modo, foram efectuadas outras sequências de pesquisa com diferentes variantes das nossas palavras-chave primárias e algumas das nossas palavras-chave secundárias. Apesar do nosso melhor esforço para sermos eficientes em termos de tempo, é essencial notar aqui que a vastidão da literatura em linha ainda tornou a pesquisa de literatura recente e relevante uma tarefa pesada.

3.8   Recolha de dados

No que diz respeito à importante tarefa de recolha de dados, é importante compreender o tipo de dados utilizados no estudo antes de podermos descrever os processos utilizados para recolher os dados. O estudo consiste em dois tipos de dados: dados primários e dados secundários. No primeiro caso, foram utilizados grupos de discussão e entrevistas para gerar dados novos e originais, enquanto no segundo caso os dados foram recolhidos a partir de documentos publicados existentes e, de facto, dos sítios Web das empresas. Outros tipos de técnicas de recolha de dados que poderiam ter sido utilizados no estudo vão desde entrevistas a observações (Yin, 2003).

3.8.1 Dados primários

Os dados primários são o tipo de dados que são únicos para o estudo, de tal forma que os investigadores tentam recolhê-los pessoalmente, fazendo parte do processo de produção de dados (Fischer, 2007). Quer se trate de recolha de dados através de entrevistas, observações ou grupos de discussão, o investigador faz parte do processo em todos os momentos. A vantagem de fazer parte do processo permite ao investigador interpretar e explorar fenómenos e questões da forma como os vê.

No contexto deste estudo, os dados primários foram recolhidos através de grupos de discussão e entrevistas. De um modo geral, embora os grupos de discussão não sejam tão comuns como as entrevistas, eles [grupos de discussão] ofereceram-nos, no entanto, uma grande oportunidade de analisar a questão do ponto de vista dos clientes. Os grupos de discussão foram uma escolha melhor do que o inquérito aos clientes por duas razões principais. Em primeiro lugar, as restrições de tempo e de recursos eram bastante elevadas num inquérito normal aos clientes. Em segundo lugar, um grupo de discussão, por oposição a um inquérito aos clientes, proporcionava uma maior compreensão, interação e um debate mais aberto sobre a questão. Antes de entrarmos em pormenores sobre os grupos de discussão, é essencial apresentar o processo que nos permitiu realizar uma sessão de grupo de discussão.

Para que o grupo de discussão fosse significativo para o nosso estudo, havia certos aspectos que os participantes do grupo de discussão tinham de cumprir (Yin, 2003). Na ausência desses atributos, as sessões do grupo de discussão teriam sido um exercício fútil, com pouco valor para o nosso estudo e para a nossa compreensão do design dos sítios Web da Unilever & Adhuli, no que diz respeito ao nível de padronização e adaptação, numa perspetiva de satisfação do cliente. Algumas das características dos participantes dos nossos grupos de discussão, que os tornaram relevantes para o nosso estudo:

- *Educação*
- *Conhecimento das empresas*
- *Clientes das empresas*
- *Conhecimentos de informática*
- *Disponibilidade para participar numa sessão de grupo de discussão*
- *Utilizar a Internet para fazer compras*

Embora tenha sido mais fácil estabelecer um perfil alargado para os participantes nos grupos de discussão, o recrutamento efetivo de participantes para a sessão de grupos de discussão foi muito mais difícil.

3.8.2   Contacto com os participantes

O objetivo era recrutar estudantes de gestão e TI da Universidade de Dhaka, Bangladesh, com o perfil que estabelecemos anteriormente, para serem os participantes do nosso grupo de discussão. O recrutamento de estudantes universitários era a nossa hipótese realista de encontrar o tipo certo de participantes nos grupos de discussão e, assim, recolher o tipo certo de dados para o nosso estudo.

A nossa pesquisa começou no Facebook. Ao fazermos uma breve descrição do estudo que pretendíamos realizar, deixámos uma mensagem na página da universidade para todos os estudantes interessados. As nossas páginas do Facebook foram utilizadas para os contactos iniciais. Assim que começámos a receber respostas, tentámos obter os seus respectivos e-mails para os podermos contactar mais formalmente e informá-los com mais pormenor sobre a natureza do estudo. Após um mês de esforço, conseguimos finalmente identificar 60 pessoas, 30 de cada um dos departamentos de TI e de gestão da universidade. Em seguida, obtivemos os nomes e as informações de contacto dessas 60 pessoas e enviámos-lhes um convite final para as nossas sessões de grupos de discussão.

3.8.3 Composição dos grupos de discussão

Dividimos os 60 convidados em 10 grupos de discussão diferentes, com 45 homens e 15 mulheres, cada um composto por 30 estudantes de informática e 30 de MBA. O tamanho do grupo foi limitado a seis indivíduos de propósito. Considerámos que um grupo constituído por menos de 6 membros diminuiria a capacidade do grupo para estabelecer um diálogo significativo e afectaria negativamente a diversidade da opinião do grupo. Considerámos que um número superior a 6 teria o efeito oposto e poderia afogar as opiniões com uma potencial perda de dados.

Mais ainda, previmos que a dimensão relativamente mais pequena dos grupos de discussão nos ajudaria a minimizar o efeito "band-wagon", de modo a reduzir a possibilidade de formação da "massa crítica" extremamente essencial para que o efeito se produza e, de certa forma, produzir um enviesamento nos dados (Economides & Himmelberg, 1995). A técnica Delphi, em oposição aos grupos de discussão em que nos baseámos para o estudo, surgiu como uma opção, mas nunca foi seguida devido a graves limitações de tempo. Uma vez que envolve "uma série de iterações entre peritos para chegar a um consenso sobre o assunto em questão" (Fischer, 2007: 160), a utilização de grupos de discussão para o nosso estudo, dentro das limitações de tempo e recursos, pareceu uma opção mais prática. Além disso, o envolvimento de "peritos" durante períodos numerosos e prolongados estava simplesmente fora do âmbito do nosso estudo (Fischer, 2007: 161).

1.1.4 Localização das sessões dos grupos de discussão

Para facilitar a vida aos nossos participantes e para sua conveniência, foi escolhido um local dentro dos limites da Universidade, o auditório principal da universidade, para todas as sessões dos grupos de discussão. Para além de ser conveniente para os nossos participantes nos grupos de discussão, o auditório oferecia um local isolado e tranquilo, perfeito para a nossa reunião de grupos de discussão. Algumas das outras considerações na nossa escolha do local para o grupo de discussão no auditório da universidade foram a disponibilidade de espaço, o nível de conforto dos participantes e a facilidade com que os participantes se sentiram no local, de modo a ter um impacto positivo no debate.

No total, foram realizadas dez sessões de grupos de discussão em dias diferentes.

Focus Group	Date	Time	No. Participants
Group A	25/4/2012	09:00 – 10:30	6
Group B	26/4/2012	09:00 – 10:30	6
Group C	27/4/2012	10:00 – 11:30	6
Group D	4/6/2012	09:00 – 10:30	6
Group E	5/7/2012	09:00 – 10:30	6
Group F	6/7/2012	10:00 – 11:30	6
Group G	9/6/2012	10:30 – 12:00	6

Group H	10/6/2012	11:00 – 12:30	6
Group I	11/6/2012	09:00 – 10:30	6
Group J	12/6/2012	10:00 – 11:30	6

Quadro 7: Grupos de discussão no âmbito do estudo (Ilustração própria)

1.1.5 Geração de dados nos grupos de discussão

Embora fosse a primeira vez que realizávamos um grupo de discussão, certificámo-nos de que estávamos preparados para ele. As perguntas foram finalizadas de acordo com o tempo de duração da sessão, que em média durou uma hora e meia (ver *Apêndice B* para as perguntas do grupo de discussão):

- *O início*
- *A sessão de perguntas*
- O final

A fim de esgotar profundamente uma pergunta, as perguntas em cada grupo de sessão foram limitadas a um máximo de 10 perguntas. As perguntas foram deliberadamente mantidas abertas, de modo a incentivar o debate entre os participantes, para que se pudesse ouvir um máximo de opiniões, o que significou um maior enriquecimento dos dados.

A parte inicial do grupo de discussão foi dedicada aos cumprimentos gerais, às boas-vindas ao grupo e ao estabelecimento de uma relação com eles. Além disso, o início foi utilizado para explicar aos participantes o objetivo da reunião e para os informar sobre o comportamento admissível durante a sessão. Ambos actuámos como facilitadores de forma alternada, de modo a manter o grupo concentrado na discussão relevante e, ao mesmo tempo, garantir que todas as vozes eram ouvidas.

As perguntas das sessões eram de natureza aberta e foram colocadas de uma forma que ia do geral para o específico, envolvendo assim gradualmente os participantes numa discussão muito mais profunda.

A parte final das sessões de grupo foi utilizada para agradecer aos participantes pela sua cooperação e por fazerem parte do estudo. No final, os participantes foram informados da importância da sua participação e da utilização dos dados resultantes destas sessões. A maioria dos participantes mostrou interesse no relatório final do estudo, que prometemos partilhar com eles assim que estivesse concluído.

1.1.6 Amostragem no papel

O nosso principal objetivo era compreender o entendimento que as empresas têm da satisfação do cliente num contexto em linha através dos seus sítios Web. Para investigar a eficácia desta perceção da satisfação do cliente em linha por parte das empresas, decidimos testá-la com clientes reais e a forma como estes percepcionam estes sítios Web. A enormidade da tarefa, em termos de logística, tempo e recursos financeiros necessários para obter uma amostra suficientemente válida constituída por clientes de ambas as empresas, estava simplesmente fora do âmbito do nosso estudo. No entanto, optámos por uma *amostra de conveniência*. Este tipo de amostra foi utilizado pela primeira vez por Miller *et al.* (1998) para compreender o comportamento de compra dos compradores. Numa amostra de conveniência, o objetivo é incluir todos aqueles que estão presentes no momento e disponíveis para a discussão (Bryman, 2012).

1.1.7 Entrevistas

A parte mais significativa do nosso esforço de recolha de dados, as entrevistas semi-estruturadas, foi realizada pessoalmente com a direção de ambas as empresas, Adhuli e Unilever. Desde o início até ao fim das sessões de entrevista, foi mantido um código de conduta rigoroso, de acordo com as normas éticas da investigação.

As pessoas foram analisadas em ambas as organizações para determinar a sua relevância para o nosso estudo. Os indivíduos de ambas as organizações foram seleccionados, através de um estudo detalhado dos seus perfis nas respectivas empresas, com base na sua relevância para os sítios Web das empresas, bem como na sua relevância para as posições de marketing, TI e gestão nas respectivas empresas. Tentámos garantir que as pessoas entrevistadas têm muito a dizer sobre o assunto e, por isso, a seleção das pessoas relevantes foi essencial para a qualidade e quantidade dos nossos dados. Ao processo de identificação dos entrevistados

25

seguiu-se a fase de solicitação de entrevistas. Cada indivíduo foi contactado por correio eletrónico para o informar sobre o estudo e para saber se estaria disposto a participar no processo. A fim de os ajudar na sua decisão, foi anexado um formulário separado que os informava sobre o objetivo do estudo, juntamente com outras informações relevantes essenciais para aumentar os seus conhecimentos sobre o processo e o estudo. Além disso, foi também enviado um formulário de consentimento com o correio eletrónico e a informação sobre o estudo para ser preenchido pelo entrevistado, caso este optasse por participar. Mais uma vez, houve o cuidado de seguir os mais elevados padrões éticos de investigação, sendo transparente sobre a utilização dos seus dados e os seus direitos antes, entre e depois da entrevista. De acordo com os desejos de anonimato dos participantes na entrevista, foram utilizados alfabetos em vez dos seus nomes reais no estudo.

Individuals	Organization	Relevance	Interview Mode	Duration
1	*Unilever*	IT Manager	In person	50 minutes
2	*Unilever*	E- Business Developer	In person	45 minutes
3	*Unilever*	Marketing Strategist	In person	65 minutes
4	*Unilever*	Web Designer	In person	70 minutes
5	*Adhuli*	Web Manager	In person	50 minutes
6	*Adhuli*	Web Designer	In person	55 minutes
7	*Adhuli*	E- Marketing Manager	In person	60 minutes
8	*Adhuli*	Web Designer	In person	50 minutes

Quadro 8: Composição das entrevistas

No total, foram entrevistados oito indivíduos, quatro de cada uma das duas empresas. O formato das entrevistas foi semi-estruturado por natureza. É importante referir aqui, para bem dos nossos leitores, que, ao longo das sessões de entrevista, estávamos conscientes da variação devida a erros numa entrevista semi-estruturada ou de formulário aberto. A fim de minimizar o erro devido à variação, mantivemo-nos atentos ao seguinte:
- o *Estruturação deficiente das perguntas*
- o *A forma e o tom em que uma pergunta é feita*
- o *Assegurar que o entrevistado compreendeu a pergunta*
- o *Análise das transcrições*

Os riscos das entrevistas semi-estruturadas foram, no entanto, anulados pelos benefícios destas entrevistas em termos da sua capacidade de produção de dados. No âmbito do nosso estudo, estas entrevistas estavam em perfeita sintonia com o nosso principal objetivo de investigação, que consistia em compreender o entendimento das empresas sobre a satisfação dos clientes em linha. Estas entrevistas também nos deram uma visão aprofundada da forma como as empresas vêem os seus sítios Web em dois contextos diferentes: como uma avenida de venda direta e como uma plataforma para reforçar e fortalecer a sua imagem de marca offline.

Interviewee	Date	Location
A	25th June, 2012	*Radisson Water Garden Hotel, Airport Road, Dhaka.*
B	26th June, 2012	*Radisson Water Garden Hotel, Airport Road, Dhaka.*
C	27th June, 2012	*Radisson Water Garden Hotel, Airport Road, Dhaka.*
D	28th June, 2012	*Radisson Water Garden Hotel, Airport Road, Dhaka.*
E	2nd July, 2012	*The Westin, Main Gulshan Avenue, Dhaka.*
F	3rd July, 2012	*The Westin, Main Gulshan Avenue, Dhaka.*

| G | 4th July, 2012 | *The Westin, Main Gulshan Avenue, Dhaka.* |
| H | 5th July, 2012 | *The Westin, Main Gulshan Avenue, Dhaka.* |

Quadro 9: Calendário das entrevistas

1.1.8 Dados secundários

Na escolha das bases de dados para a recolha de dados secundários, foram tidas em conta duas considerações principais. Em primeiro lugar, foi feito um esforço para manter a integridade absoluta da investigação através da utilização de literatura de qualidade, pelo que apenas foram seleccionadas bases de dados com reputação considerável. Em segundo lugar, o fator acesso e disponibilidade foi crucial na nossa seleção dos vários sítios Web, uma vez que a maioria das bases de dados tem um acesso limitado ou restrito, impossibilitando assim a sua utilização. O quadro seguinte apresenta as principais bases de dados/motores de pesquisa utilizados para a recolha de dados secundários. Todas elas são bases de dados de qualidade, com credibilidade de investigação e de mais fácil acesso, com um cache substantivo de investigação de qualidade.

Bases de dados utilizadas para a pesquisa bibliográfica no estudo

Database / Website	Topic	URL
Science Direct	Journals / Articles	*http://sciencedirect.com*
Emerald	Journals / Articles	*www.emeraldinsight.com/*
Google Scholar	Scientific articles & books	*www.scholar.google.com*
ABI/INFORM Global (ProQuest)	Journals, magazines and newspapers	*http://ep.bib.mdh.se:2059/pqdweb*

Quadro 10: Bases de dados do estudo

3.9 Escolha da amostra

Num contexto teórico, a escolha de uma amostra deve depender exclusivamente da pertinência, validade, transparência e objetividade da fonte de dados que o investigador utiliza nos seus estudos. No entanto, embora seja inegável a importância destes pilares da investigação moderna, na prática, o objetivo deve ser não comprometer nenhum destes princípios fundamentais da investigação e, ao mesmo tempo, trabalhar dentro das delimitações do seu estudo.

Por conseguinte, é importante estabelecer um critério mínimo com base nestes quatro princípios e utilizá-lo na escolha da fonte de dados para recolher dados para o estudo. Embora abordemos as quatro questões separadamente e em pormenor na secção seguinte deste capítulo, é importante informar os nossos leitores de que o estudo teve muito cuidado em todas as fases da recolha e análise de dados para manter a máxima integridade de investigação do estudo. O primeiro passo nesta direção foi, portanto, contactar as pessoas certas e relevantes para a questão; pessoas que compreendiam e tinham pontos de vista e opiniões sobre o tema, ou seja, estudantes de informática e gestão da Universidade de Dhaka e pessoas relevantes de ambas as empresas (Fischer, 2007).

Os participantes nos grupos de discussão também foram relevantes por outro motivo: eram os clientes reais dessas empresas e estavam em contacto regular com os seus sítios Web, pelo que tinham percepções em termos das dimensões de normalização e adaptação desses sítios e estavam dispostos a partilhá-las connosco.

3.10 As três questões da investigação de qualidade

De acordo com Yin (1994:9), "a investigação de estudo de caso tem sido frequentemente considerada como carecendo de rigor". Assim, para contrariar essa crítica, Yin (1994) sugere três qualidades básicas dos estudos de caso para aumentar a sua validade: validade de construção, validade interna e externa e fiabilidade. A validade de construção, de acordo com Sekaran (1992:173), "atesta até que ponto os resultados obtidos com a utilização da medida se adequam às teorias em torno das quais o teste foi concebido". A validade de construção é obtida através do desenvolvimento de uma revisão da literatura, de numerosas fontes de dados e da construção de um conjunto de provas. A validade interna no contexto qualitativo refere-se à construção de um fenómeno de forma credível (Yin, 1993). A validade externa, por outro lado, tem em conta o alcance/âmbito dos resultados da investigação para além deste caso específico e a possível replicação destes resultados noutros contextos (Miles & Huberman, 1994). Por último, a fiabilidade refere-se à replicação do estudo com resultados semelhantes por outros investigadores (Miles & Huberman, 1994). Além disso, para alguns, a investigação qualitativa está imbuída de subjetividade. Para contrariar as acusações de subjetividade na investigação qualitativa, existem alguns princípios sobre os quais a investigação qualitativa assenta para manter a integridade da investigação envolvida. Patel & Tebelius (1987:82), descrevem-nos como "razoabilidade, fiabilidade e consciência". Ligar os dados ao mundo real e trazê-los da abstração para a realidade é o que se chama razoabilidade em termos de dados dentro de um contexto de investigação. Tentámos ao máximo, através das nossas entrevistas e grupos de discussão, narrar os dados e torná-los reflexo dos sentimentos dos nossos participantes de forma a que os nossos leitores os possam compreender. O segundo princípio, ou seja, a fiabilidade, é difícil de determinar para um investigador, especialmente num contexto de ciências sociais em que os seres humanos são as fontes de dados. Todas as pessoas têm, por natureza, preconceitos internos resultantes de muitos traços de personalidade e, por isso, é possível tentar minimizá-los através da objetividade na análise, mas é impossível excluir o fator preconceito. No nosso caso, sentimos que excluir os preconceitos dos nossos participantes nas entrevistas e nos grupos de discussão teria privado os dados da peculiaridade das opiniões que os nossos participantes tinham e que, de certa forma, fazem parte integrante dos próprios dados. Em termos de consciência, tentámos o nosso melhor para pôr de lado os nossos preconceitos pessoais e recolher e analisar objetivamente os dados para os tornar mais válidos, apesar das suas limitações.

Journals	No of Articles in Paper
International Business Review	3
California Management Review	1
Journal of Interactive Marketing	1
Journal of Promotional Management	1
International Advertising Research	1
World Review of Business Research	1
Journal of Electronic Commerce Research	4
American Marketing Association Proceedings	1
Journal of Global Information Management	1
Multinational Business Review	1
Journal of Computer Mediated Communications	1
International Journal of Research in Marketing	1
Academy of Marketing Science Journal	2
European Journal of Marketing	2
Journal of Marketing Communications	2
European Business Review	1
Journal of Engineering & Technology Management	1
Information Systems Research	3
Total Quality Management & Business Excellence	1
Industrial Marketing Management	1
Expert Systems with Applications	1
Journal of Marketing Theory & Practice	1
Business Economics	1
Expert Systems with Applications	4
Journal of Marketing	2
Global Business Languages	1
Computing	1
Journal of e-Business Management	1
International Journal of Retail & Distribution Management	1
Business Horizons	1
Information & Management	1
Journal of Business Research	1
Electronic Commerce Research & Applications	1
Journal of Information Technology & Management	1
Journal of Marketing Development & Competitiveness	1
Managing Service Quality	1
Harvard Business Review	1
Journal of Retailing	1
International Journal of Research in Marketing	1
Journal of Academy of Marketing Research	1
Academy of Marketing Science Review	1

Decision Support Systems	1
Information & Management	1
Journal of Retailing & Consumer Services	1
Journal of Retailing	1
The Business Review	1
Electronic Markets	1
Journal of Personality	1
International Journal of Retail & Distribution Management	1

Tabela! 1: Lista das revistas utilizadas no artigo

CAPÍTULO 4

Nesta secção, tentaremos reunir os nossos dados primários, entrevistas e *dados dos grupos de* discussão, *e os nossos dados secundários de uma forma temática.* É *importante compreender* que, para maior clareza na representação dos dados, utilizámos gráficos de barras frequentemente associados a estudos quantitativos. Consideramos que isso contribuiria para a clareza dos dados e ajudar-nos-ia na apresentação dos mesmos.

4.1   Factores críticos na perspetiva dos clientes

Embora a perceção da empresa sobre os factores críticos do seu sítio Web para aumentar a satisfação dos clientes em linha não tenha sido muito diferente, continuam a existir lacunas significativas entre a compreensão que a empresa tem do conceito de satisfação dos clientes em linha e a perceção que os próprios clientes têm do termo. No caso da Unilever, sem opção de venda direta no mercado do Bangladesh, as características mais importantes para aumentar a satisfação do cliente em linha para os grupos de discussão foram as dimensões mais próximas de casa, ou seja, a atenção e o envolvimento geral da empresa na comunidade e a dimensão de localização do seu sítio Web.

Critical factors	Rating[1]
Adaptation to Local Culture & Language	9
Language of the webpage	8
Website Quality	8
CSR work	7

Quadro 12: Opinião dos clientes sobre os factores críticos para um sítio Web num contexto de SCO

Foi pedido aos participantes no grupo de discussão, num total de 60, que dessem a sua classificação pessoal, numa escala de 1 a 10, aos quatro factores críticos em termos da sua importância, de acordo com o seu entendimento, para a satisfação do cliente em linha, especialmente para um sítio Web informativo. A classificação de 10 significava a mais elevada e a de 1 a mais baixa. A tabela acima representa a média das respostas do total de participantes do grupo de discussão para as quatro categorias acima referidas. Abaixo estão os gráficos, gráficos de barras, que representam as respostas acima dos participantes do grupo de discussão para as quatro categorias. As quatro categorias seleccionadas foram reduzidas em resultado da discussão dos grupos de discussão e tendo em conta o âmbito e as limitações de tempo do estudo. É importante mencionar que estas quatro categorias incluídas no estudo são o resultado de uma avaliação subjectiva.

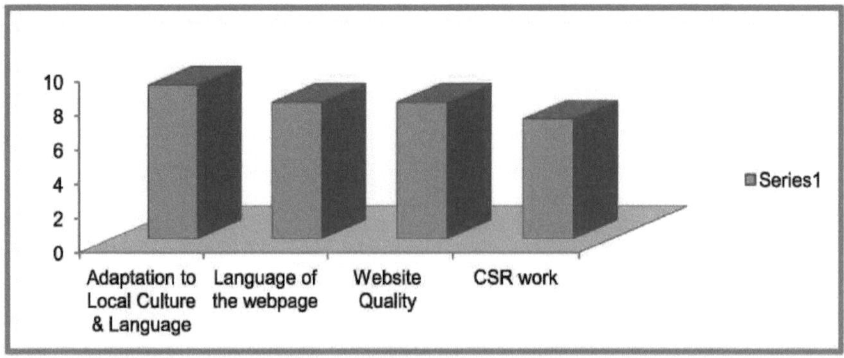

Figure 7:   Opinião dos clientes sobre os factores críticos para um sítio Web num contexto de SCO

Foi também perguntado aos participantes nos grupos de discussão o que os levava a visitar o sítio

Web da empresa, apesar de esta não ter a opção de vender os seus produtos diretamente através da sua página inicial:

Reason Why Customers go online	No of Participants
Use the company products offline	24
Feel good about the brand	15
Follow the company's CSR activities	12
Read news about the company	9

Quadro 13: Outros factores críticos que, na opinião dos clientes, são importantes para um sítio Web num contexto de SCO

É importante mencionar aqui que a tabela acima representa a principal razão para a decisão de cada participante de visitar o sítio Web. Os participantes foram limitados à sua razão principal apenas com a intenção de restringir o principal fator que leva um cliente em linha a visitar um sítio Web informativo.

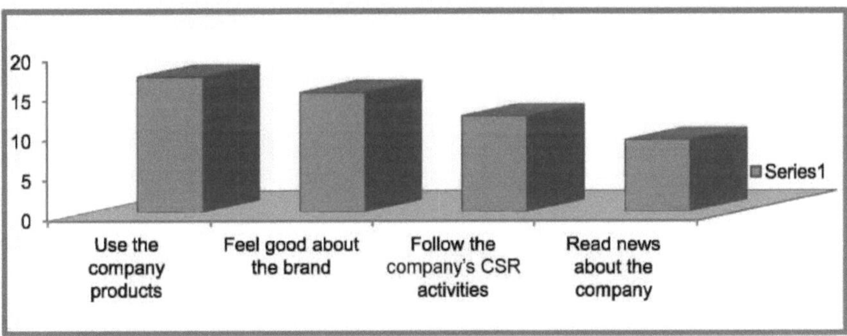

Figure 8: Outros factores que os clientes considerem importantes para um sítio Web no contexto do SCO

4.2 Sítio Web da Unilever e opiniões dos clientes

Pedimos aos participantes nos grupos de discussão que classificassem o sítio Web da Unilever Bangladesh numa escala de 1 a 10, em que 10 representava o valor mais elevado, ou seja, altamente significativo, enquanto 1 representava a menor importância em termos de satisfação do cliente em linha. Os dados revelam os seguintes resultados relativamente às cinco categorias mais importantes. Após uma análise aprofundada da literatura sobre a satisfação do cliente em linha, conseguimos isolar e selecionar as cinco categorias abaixo com base na sua importância relativa. Além disso, tivemos de ter em conta a duração relativa e as limitações de tempo do estudo, o que também tornou esta seleção prática. Os outros antecedentes no quadro seguinte referem-se à facilidade de utilização e à fiabilidade do sítio Web, essenciais para que um sítio Web aumente a satisfação do cliente, que são contabilizados como

Category	Average Score[2]
Website Quality	8
Standardization	8
Adaptation	4
Other Antecedents	5
CSR	6

[2] Os participantes foram convidados a classificar estas categorias numa escala de 1 a 10.

Quadro 14: Classificação do grupo de discussão do sítio Web da Unilever com base nos cinco factores

31

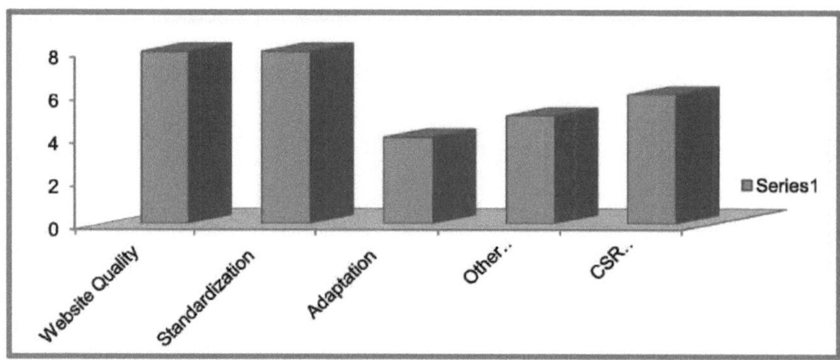

Figura 9: Opinião do grupo de discussão sobre o sítio Web da Unilever com base nas cinco categorias

Os clientes que já estavam familiarizados com a Unilever, quer através de uma experiência anterior de compra de produtos Unilever, quer através de um contacto social com a empresa, sentiram-se à vontade com o sítio Web da empresa. Além disso, esses clientes consideraram o conteúdo do sítio Web mais fiável do que os que não tinham essa experiência. Assim, a noção de que uma imagem de marca forte num contexto offline contribui para a satisfação dos clientes online continua a ser válida.

Critical Factors according to Customers of OCS	Average
Brand Image & Trust	9
Website Quality	8
Interactivity	7
Cultural dimension	6
Linking with Social Networks	7

Quadro 15: Preferências dos clientes no sítio Web da Unilever num contexto de SCO

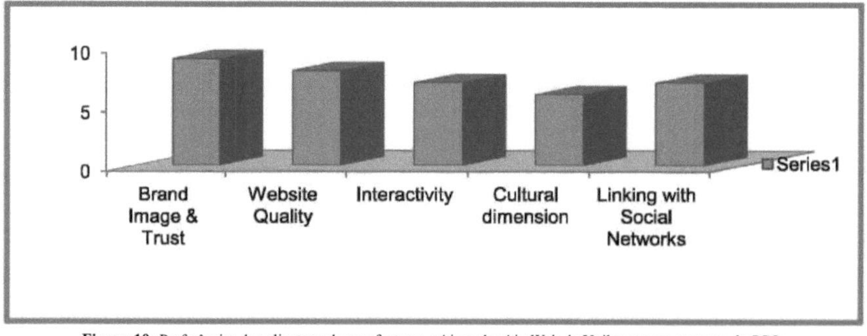

Figura 10: Preferências dos clientes sobre os factores críticos do sítio Web da Unilever num contexto de SCO

Relacionando a satisfação do cliente on-line com os aspectos de padronização e adaptação do site da empresa, a resposta dos clientes à pergunta sobre o que melhoraria ainda mais sua experiência com a homepage da empresa, as respostas foram:

Significant factor for Improvement of OCS	% of Responses
Further Adaptation	72
Further Standardization	28

Tabela 16: Opinião dos clientes sobre o sítio Web da Unilever em termos de melhoria na Normalização vs. Adaptação

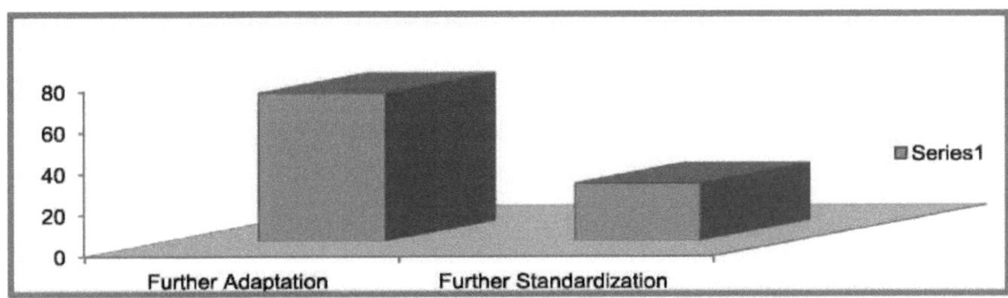

Figura 11: Normalização vs. Adaptação, Melhoria como os clientes querem ver no sítio Web da Unilever

Quanto à questão de saber até que ponto os participantes se sentiram satisfeitos quando acederam ao sítio Web da Unilever Bangladesh, os resultados foram os seguintes

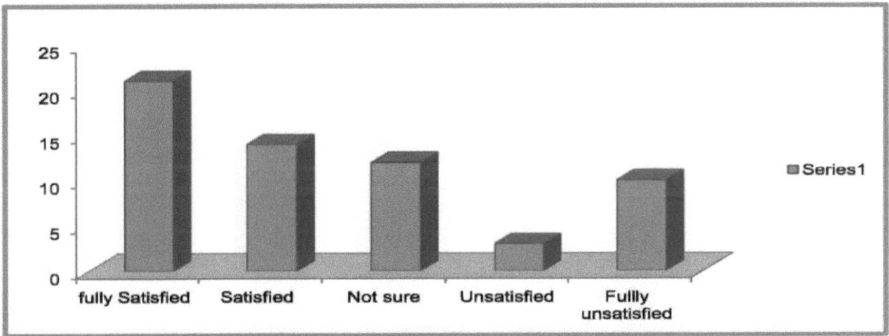

Figura 12: Satisfação dos clientes e sítio Web da Unilever

4.3 Opinião dos clientes sobre o sítio Web da Adhuli

Os participantes nos nossos grupos de discussão classificaram o sítio Web da Adhuli em função das cinco categorias mais importantes, tal como acima referido, que são essenciais para que um sítio Web aumente a satisfação do cliente:

Category	Average Score[3]
Website Quality	3
Standardization	2
Adaptation	7
Other Antecedents	3
CSR	0

Quadro 17: Classificação do sítio Web da Adhuli pelo grupo de discussão com base nos cinco factores

[3] Os participantes foram convidados a classificar estas categorias numa escala de 1 a 10.

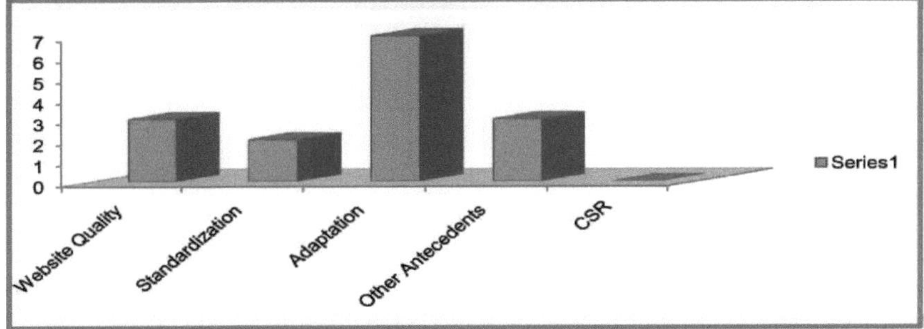

Os clientes que conheciam a Adhuli através de alguma experiência de compra anterior mencionaram o seu nível de facilidade com o sítio Web da empresa. Mais uma vez, os clientes com experiência prévia consideraram o conteúdo do sítio Web mais fiável do que os que não tinham essa experiência.

Critical Factors according to Customers of OCS	Average
Brand Image & Trust	4
Website Quality	3
Interactivity	4
Cultural dimension	8
Linking with Social Networks	5

Quadro 18: Preferências dos clientes no sítio Web da Adhuli num contexto de SCO

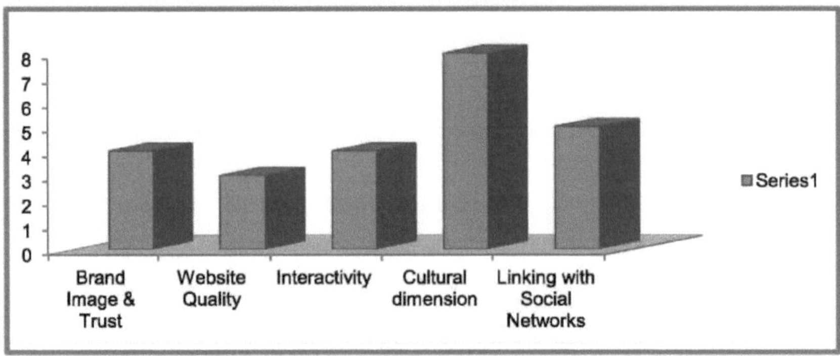

Figura 14: Preferências dos clientes no sítio Web da Adhuli num contexto de SCO

Relacionando a satisfação do cliente on-line com os aspectos de padronização e adaptação do site da empresa, os clientes responderam à pergunta sobre o que melhoraria ainda mais a sua experiência com a homepage da empresa:

Significant factor for Improvement of OCS	% of Responses
Further Adaptation	25
Further Standardization	86

Tabela 19: Opinião dos clientes sobre o sítio Web da Adhuli em termos de melhoria na Normalização vs. Adaptação

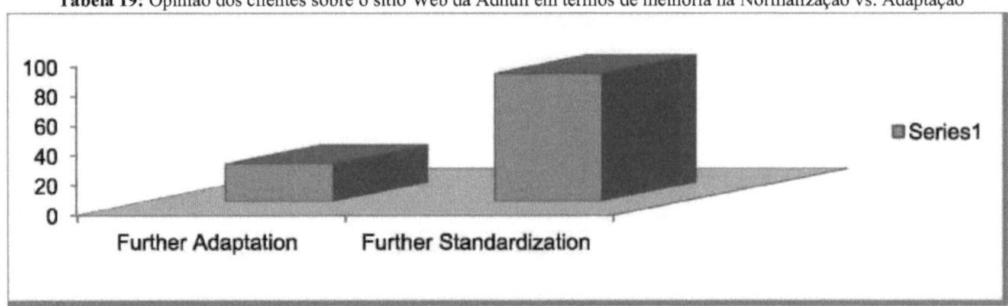

Figura 5: Opiniões dos clientes sobre o sítio Web da Adhuli em termos de melhoria na Normalização vs. Adaptação

No caso da Adhuli, a normalização significa a normalização com outros sítios Web de natureza semelhante. Uma vez que, ao contrário da Unilever Bangladesh, a Adhuli não possui diferentes sítios Web em todo o mundo, a normalização é diferente para a empresa e uma normalização mais próxima, com as mesmas características que a dos seus concorrentes, é o que os participantes no grupo de discussão sugeriram.

Em termos de satisfação dos clientes no sítio Web da Adhuli, as respostas dos clientes variaram entre totalmente satisfeitos e totalmente insatisfatórios, como se indica a seguir:

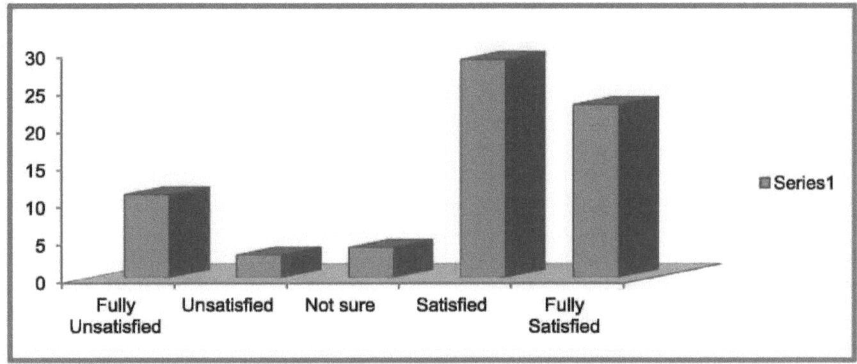

Figura 16: Satisfação dos clientes e sítio Web da Adhuli

Além disso, outros dados empíricos mais teóricos gerados a partir das entrevistas e dos grupos de discussão podem ser segmentados de acordo com o quadro teórico e os conceitos da literatura relevante.

Relativamente à nossa questão de investigação, ou seja, investigar a importância da dimensão padronização vs. adaptação de um sítio Web em termos do seu valor na satisfação online dos clientes, os dados das entrevistas, tanto da Unilever como da Adhuli, e a discussão dos nossos grupos de discussão revelam resultados interessantes e perspicazes.

Comecemos com os dados relevantes para a nossa questão de investigação e apresentemo-los de forma comparativa, de modo a clarificar e elaborar os padrões que emergem em termos do entendimento das empresas sobre a adaptação e a normalização em relação ao seu papel na melhoria da satisfação do cliente em linha no seu sítio Web.

4.4.1 Normalização vs. Adaptação: A abordagem de venda

A compreensão interna da Unilever do conceito de satisfação do cliente em linha através do seu sítio Web, no mercado do Bangladesh, decorre da abordagem da empresa à sua relação com os clientes (Entrevistado 1, 2012). A abordagem, na melhor das hipóteses, é de natureza subtil e é evidentemente visível no sítio Web da empresa e na forma como esta [Unilever Bangladesh] tenta envolver os seus clientes no referido mercado. De acordo com um entrevistado, "o nosso sítio Web complementa a nossa imagem de marca de uma forma suave e indireta" (Entrevistado 2, 2012). Em termos de compreensão da satisfação do cliente em linha, a empresa parece estar perfeitamente à vontade com o seu sítio Web devido ao seu carácter informativo. "Não vendemos no nosso sítio Web; em vez disso, o nosso sítio Web simplesmente sublinha a grande empresa que somos em termos da nossa concentração nos nossos clientes através dos nossos produtos. Acho que os clientes compreendem o facto e, por isso, têm uma excelente experiência online no nosso sítio Web" (Entrevistado 1, 2012). Outro entrevistado que abordou a questão foi: "Nós, através do nosso sítio Web, lidamos principalmente com intangíveis, que são difíceis de medir e, por isso, mais adaptação significa mais custos para algo [intangíveis] que é difícil de medir" (Entrevistado 3, 2012). Os participantes do nosso grupo de discussão decifraram perfeitamente a estratégia da Unilever Bangladesh de um baixo nível de adaptação em termos do seu sítio Web, principalmente devido ao facto de a empresa não vender diretamente através do seu sítio Web.

O sentido que a Adhuli dá aos termos normalização e adaptação em termos do valor da satisfação do cliente online a um sítio Web contrasta totalmente com o da Unilever, precisamente pelas condições que enfrenta face ao seu modelo de venda no mercado. "O nosso sítio Web é o nosso principal e único ponto de contacto e plataforma de venda e, por isso, é nada mais nada menos do que a tábua de salvação da nossa empresa" (Entrevistado 5, 2012). "Garantir que somos vistos como locais é a nossa melhor hipótese de conseguir que os clientes tenham confiança para utilizar o nosso sítio Web e, por conseguinte, temos de aparecer nas nossas perspectivas como locais" (Entrevistado 8, 2012). Além disso, pode inferir-se com segurança das discussões dos grupos de discussão que uma abordagem de venda direta e única através do seu sítio Web [Adhuli] torna estrategicamente inevitável que a empresa ignore a integração e a atualização de todos os aspectos da satisfação do cliente em linha no seu sítio Web.

4.4.2 Normalização vs. Adaptação: Os custos são importantes

O principal argumento da Unilever para a página Web da sua empresa, no mercado do Bangladesh, é a presença da empresa em todo o mundo. A enormidade da sua presença em todo o mundo simplesmente não lhes permite os enormes custos associados a um maior grau de adaptação, no seu sítio Web, para comunicar com os seus clientes em linha. "Não podemos simplesmente ignorar os nossos custos e não podemos simplesmente parecer ter um comportamento diferenciador num determinado mercado. A nossa estratégia online, no que diz respeito ao nosso sítio Web, tem de sinalizar uma abordagem uniforme para todos os mercados, pois corremos o risco de alienar um segmento da nossa base de mil milhões de clientes se parecermos demasiado agradáveis num mercado" (Entrevistado 2, 2012). O comentário em si reflecte o entendimento das multinacionais, especialmente no contexto de um sítio Web informativo, em que o fim [imagem global da empresa num contexto global] justifica os meios. Este tipo de pensamento é normalmente o resultado de uma visão global em que os pormenores locais/regionais são menos significativos do que o contexto global. A dimensão do mercado em si também foi um fator em termos da decisão da empresa de optar por um nível de adaptação do seu sítio Web aos gostos locais. Como afirma um entrevistado, "a nossa quota de mercado num mercado específico pode fazer a diferença em termos do nível de adaptação que colocamos no nosso sítio Web nesse mercado específico" (Entrevistado 1, 2012). De acordo com outro entrevistado, "os custos relativos à nossa quota de mercado offline são o controlo mais eficaz da adaptabilidade do nosso sítio Web nesse mercado e é algo que levamos muito a sério" (Entrevistado 3, 2012). Assim, a abordagem mais padronizada da Unilever é mais um imperativo de custos devido à sua presença global, juntamente com a inexistência de receitas de vendas diretamente ligadas ao seu sítio Web, uma vez que a empresa não se dedica à venda em linha.

O modelo exclusivo de vendas em linha da Adhuli permite um nível de adaptação mais elevado, tornando as considerações relativas aos custos algo irrelevantes. A sua atitude e abordagem relativamente à satisfação do cliente em linha através do seu sítio Web altamente adaptado deve-se mais à natureza do seu modelo de negócio. Como afirma um entrevistado, "para nós, os custos de adaptação não existem, são antes investimentos que fazemos para nos relacionarmos melhor com os nossos clientes" (Entrevistado 6, 2012). Os pontos de vista dos participantes nos grupos de discussão não foram muito diferentes no que diz respeito às razões pelas quais a Adhuli fez tudo para se adaptar ao seu sítio Web. Como diz um dos grupos, se o sítio Web não conseguir atrair e reter clientes, não consegue vender. Para eles, é assim tão simples. É a sobrevivência ou a falência, não há nada no meio para um vendedor direto em linha. De facto, são os enormes riscos estratégicos decorrentes do seu modelo exclusivo de venda em linha para a empresa e a sua dimensão relativamente minúscula em relação à Unilever que permitem à empresa ignorar e incorrer nos custos necessários para um elevado grau de adaptação do seu sítio Web.

4.4.3 Normalização e adaptação: A imagem da empresa

A forma como uma empresa define a sua imagem tem muito a ver com a forma como percepciona a satisfação do cliente em linha, especialmente na sua abordagem aos clientes através dos seus sítios Web. A Unilever é uma multinacional global, e com razão, se tivermos em conta a sua presença global. Uma vez que não deve fidelidade a nenhuma entidade geográfica enquanto tal, a imagem que a empresa tem de si própria como uma empresa global parece cegá-la para as realidades subtis dos mercados locais em que opera. A Unilever tem de olhar para o panorama geral e antecipar as mudanças a um nível muito mais vasto, de modo a acompanhar o ritmo dos seus principais concorrentes. "Embora respeitemos a diversidade da nossa base de clientes, sentimos que podemos estabelecer uma melhor ligação com eles através da sua homogeneidade de várias formas. O nível de estandardização do nosso sítio Web apela à estandardização da natureza humana e, por isso, tendemos a realçá-la e a celebrá-la mais do que a concentrarmo-nos na peculiaridade através da adaptação" (Entrevistado 4, 2012). Na sua essência, este tipo de pensamento equivale a confundir a floresta com uma árvore. Parece-nos que se trata de um síndroma multinacional comum, em que acompanhar a concorrência global leva muitas vezes a que a empresa fique vendada às realidades locais de uma forma significativa.

A Adhuli, pelo contrário, vê-se intimamente ligada ao mercado local [Bangladesh] e, por conseguinte, está atenta para integrar no seu sítio Web todas as medidas que considera poderem essencialmente aumentar a satisfação dos seus clientes através de um elevado grau de adaptação. "A nossa presença num único mercado torna a questão da adaptação à normalização bastante simples. Existimos e crescemos exclusivamente no nosso mercado de origem, o que não nos deixa dúvidas na nossa estratégia de internalizar ao máximo a adaptação" (Entrevistado 7, 2012). Consideram-se parte da comunidade tanto quanto os seus clientes. Assim, traduzem a sua satisfação pessoal em linha, tal como a percepcionam, na composição do seu sítio Web, de modo a replicar esse sentimento dos seus clientes. A empresa pensa como os seus clientes e, por isso, adapta o seu sítio Web em conformidade.

4.4.4 Padronização vs. Adaptação: Dimensão Cultural de Hofstede

A cultura, o comportamento e as estratégias organizacionais são muitas vezes uma reminiscência do seu pensamento de liderança. Por conseguinte, é interessante ver os resultados dos dados através do prisma de Hofstede, a fim de explicar as abordagens contrastantes da Unilever e da Adhuli no que diz respeito à satisfação em linha através dos seus sítios Web (Hofstede, 2001: 79).

As multinacionais são, em grande medida, lideradas por indivíduos que apresentam um elevado nível de individualismo (IDV). A visão do individualismo de alto nível é muito diferente da do individualismo de baixo nível. Um individualismo de alto nível reflecte um pensamento mais ligado à riqueza, à urbanização, à mobilidade social de alto nível e a um maior desenvolvimento económico. Cultural e comunitariamente, são desapegados ou semi - desapegados (Hofstede, 2001: 209). Estas personalidades são, portanto, propensas a ignorar a importância dos aspectos comunitários e culturais de uma determinada questão. A abordagem mais padronizada da Unilever no seu sítio Web relativamente à questão significativa da satisfação do cliente em linha faz, portanto, todo o sentido.

A sua natureza globalizada facilita à empresa a aceitação da noção de "homogeneidade cultural" no mercado e, por conseguinte, a subsequente abordagem normalizada no seu sítio Web relativamente à satisfação do cliente em linha. As aspirações do seu mercado [Bangladesh] não são diferentes das de outros países. "Através dos nossos produtos e do nosso sítio Web, tentamos estabelecer pontes e ligar diferentes culturas e mercados e concentrarmo-nos nos aspectos comuns, pelo que, para nós, optar por um sítio Web mais normalizado faz parte da estratégia" (Entrevistado 3, 2012). À medida que continuarem a progredir, assistiremos a uma convergência dos gostos dos clientes em todo o mundo nunca antes vista.

Uma análise mais atenta da abordagem Adhuli, um sítio Web mais adaptado para aumentar a satisfação dos clientes em linha, revela um padrão sinónimo de um pensamento associado ao baixo individualismo de Hofstede (IDV). As características básicas de uma sociedade pouco individualista incluem um baixo nível de desenvolvimento económico, uma economia agrária, uma menor mobilidade social e unidades familiares de forma alargada/tribal (Hofstede, 2001). Este pensamento, traduzido na abordagem do sítio Web, faz todo o sentido quando visto através do mercado global do Bangladesh, um mercado definido pelo baixo individualismo. Estando em linha com o pensamento global do mercado, a abordagem mais adaptada da Adhuli no seu sítio Web aumenta a taxa de sucesso da sua abordagem em termos de satisfação em linha dos clientes.

A Adhuli é definida pelos seus clientes e pela sua comunidade e, por conseguinte, tem de levar muito a sério os seus pontos de vista, a fim de alcançar a legitimidade social tão essencial para o seu sucesso. Como revela um participante, "Na Adhuli, tentamos pensar como qualquer um dos nossos clientes no contexto dos nossos sentimentos e aspirações culturais e nacionais" (Entrevistado 8, 2012). A perceção entre uma empresa sobre a centralidade de um determinado mercado conduz inadvertidamente a uma abordagem mais centrada no cliente no sítio Web da empresa. Estar presente num único mercado reduz também as ansiedades em termos de custos, bem como minimiza as inibições de reconciliação entre diferentes mercados no âmbito da política de adaptação/padronização da empresa, uma vez que só têm de olhar para um único mercado e para uma base de clientes homogénea. No fundo, só têm de se adaptar a uma unidade de clientes.

4.4.5 Qualidade do sítio Web

Relativamente à questão da qualidade significativa do sítio Web, os dados revelam um padrão mais em linha com a sabedoria convencional. A profundidade tecnológica e a amplitude financeira da Unilever são muito visíveis na qualidade do seu sítio Web e, por conseguinte, são muito bem classificadas pelos participantes dos nossos grupos de discussão (Grupo de discussão A, 2012). A qualidade do sítio Web é muito significativa para atrair e reter um cliente durante o tempo suficiente para desencadear um comportamento de compra e, por conseguinte, tem uma enorme importância no que diz respeito à satisfação online do cliente.

Pelo contrário, a Adhuli, com bolsos substancialmente menos fundos em termos da sua proeza financeira e pouco conhecimento tecnológico em relação à Unilever, tem um sítio Web que não tem qualquer hipótese em termos de qualidade do sítio Web como o da Unilever. Os clientes, obviamente atentos a este facto, afirmam-no nas suas respostas ao classificarem o sítio Web da empresa (Focus Groups E&D, 2012).

No entanto, a Adhuli atenua astutamente, até certo ponto, os pontos fracos da qualidade do seu sítio Web, assegurando que o aspeto mais significativo da qualidade do sítio Web, a facilidade de utilização, raramente é comprometido (Grupo de discussão B, 2012). Um baixo nível de adaptação, por outro lado, reduz muito a espetacular qualidade do sítio Web da Unilever (Grupo de discussão J, 2012).

4.4.6 Outros Antecedentes

Outros antecedentes - imagem de marca, visão da empresa e preocupações dos concorrentes - são outro aspeto importante que desempenha um papel importante na composição de um sítio Web no que diz respeito à satisfação dos clientes em linha (Focus Group I, 2012).

A imagem de marca rende enormes dividendos em termos de satisfação do cliente em linha no caso da Unilever, ao passo que a Adhuli, sem esse capital intangível, parece estar em pior situação nesta categoria tão importante (Focus Groups B & C, 2012). Os dados dos grupos de discussão revelam que os participantes consideram que a forte imagem de marca da Unilever reduz as suas ansiedades em linha, o que, por sua vez, ajuda a perceção da empresa e facilita as decisões de compra em linha. A imagem de marca forte é ainda mais útil para os compradores em linha pela primeira vez, uma vez que estes são mais ansiosos quando se trata de comprar em linha a uma empresa que conhecem muito pouco (Grupo de discussão G, 2012). Por conseguinte, é compreensível que a Unilever obtenha melhores resultados no aspeto "outros antecedentes" entre os participantes nos grupos de discussão, o que é grandemente favorecido pela sua imagem de marca global (Grupo de discussão F, 2012).

4.4.7 Responsabilidade social das empresas

Destacar a sua imagem social e o aspeto da responsabilidade social das empresas no seu trabalho parece ser uma tática comercial inteligente para a Unilever em linha através do seu sítio Web (Grupo de discussão G, 2012). Os clientes apreciam e formam uma opinião elevada sobre este tipo de trabalho e, quanto mais este for sublinhado de forma visível, mais os clientes em linha são influenciados por ele (Grupo de discussão E, 2012). Mais uma vez, a Adhuli parece estar em grande desvantagem, uma vez que não tem esse aspeto e, por conseguinte, não tem essa dimensão no seu sítio Web (Grupo de discussão H, 2012).

Na figura abaixo, criámos a nossa própria ilustração de um continuum de Normalização/Adaptação e tentámos situar ambas as empresas nesse continuum, utilizando os dados que recolhemos. Estas características distintas de ambas as empresas são factores poderosos que ditam o nível de normalização e adaptação dos seus sítios Web e, por conseguinte, afectam a satisfação e a relação online dos seus clientes. No caso da Unilever, a natureza informativa do seu sítio Web; a abordagem indireta subtil; o acesso a outros numerosos canais de marketing; a enorme presença no mercado offline; o instinto de redução de custos; e a sua imagem de marca global permitem-lhe renunciar a um certo grau de adaptação do seu sítio Web ao mercado local. A Adhuli, por outro lado, apresenta um conjunto de características totalmente diferente, o que torna fundamental que a empresa se posicione firmemente na extrema direita do continuum, ou seja, uma elevada adaptação do seu sítio web. Alguns dos factores subjacentes à decisão da empresa incluem a natureza transacional do seu sítio Web; uma abordagem muito óbvia e de venda direta; o seu sítio Web é a única plataforma para estabelecer ligações e fazer negócios; funciona apenas no seu mercado nacional; custos insignificantes e pouco ou nenhum apoio offline à imagem da marca.

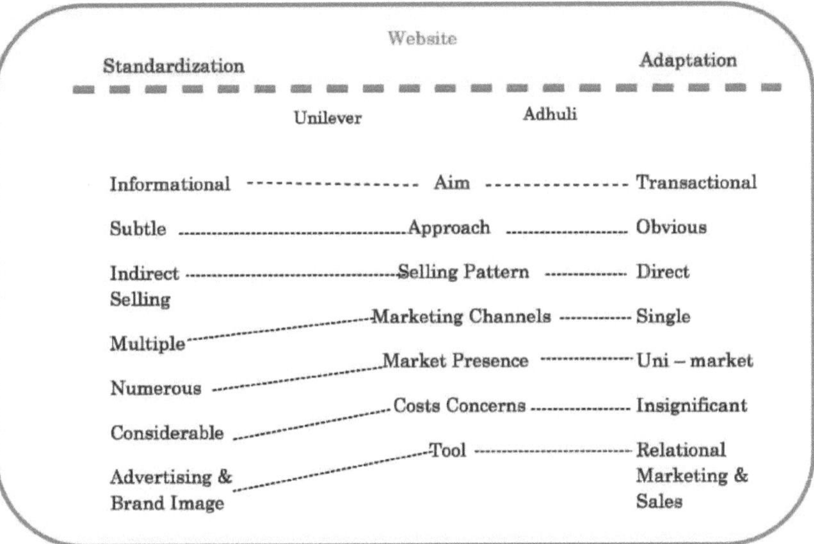

Figura 17: Continuidade da normalização/adaptação (Ilustração própria)

4.5 Dados secundários

4.5.1 Perfis das empresas

É importante compreender as nossas duas empresas no estudo. Assim, no capítulo seguinte, analisaremos as empresas e as suas estratégias de sítios Web no contexto da satisfação do cliente em linha. Examinaremos de perto a dimensão da normalização e da adaptação de ambos os sítios Web à luz da abordagem destas empresas.

Uma investigação mais aprofundada dos sítios Web também revelará a natureza diferente da abordagem que estas empresas estão a utilizar no mercado do Bangladesh, revelando assim a forma como uma perspetiva diferente da empresa molda a conceção de um sítio Web e a sua compreensão da satisfação do cliente em linha.

4.5.2 Unilever Global

Uma empresa verdadeiramente global, a Unilever continua a ser a empresa de bens de consumo mais bem sucedida. Atualmente a operar em cerca de 190 países diferentes em todo o mundo, a empresa gaba-se de que a sua gama de produtos é tão vasta que uns impressionantes 2 mil milhões de pessoas utilizam os seus produtos diariamente (Unilever, 2012).

A presença global da Unilever é muito pequena quando se trata do número de pessoas que emprega e do seu volume de negócios total. Também dá uma pista sobre a sua interconectividade com as pessoas, os seus clientes, e a importância estratégica que a satisfação do cliente tem para a empresa em termos de crescimento e vendas futuras.

Unilever: Key Facts	
Europe	€ 15 bn
Americas	€ 13 bn
Asia/Africa	€ 12 bn
Employees	174,000
Turnover	€ 40 bn

Quadro 20: A Unilever num relance, Adaptado de http://www.unilever.com

A carteira de produtos da Unilever, que consiste essencialmente em produtos de consumo, faz da satisfação do cliente uma prioridade acrescida para a empresa. O facto de ser uma das empresas de consumo mais bem sucedidas do mundo diz muito sobre o valor que a Unilever atribui à relação com o cliente e aos seus gostos, preferências, experiências e, eventualmente, à sua satisfação, online e offline.

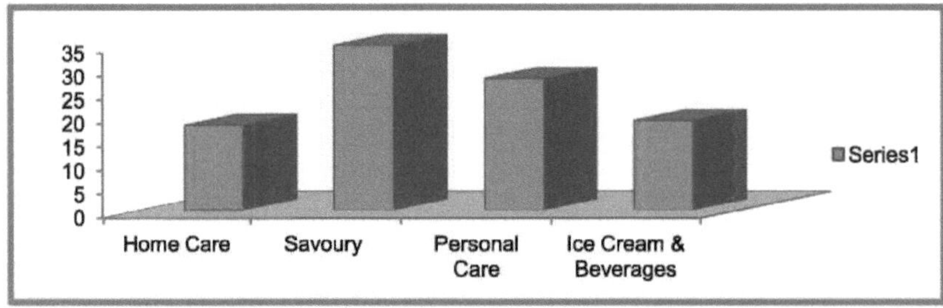

Figura 18: Segmentação de produtos, em milhares de milhões de euros, da Unilever (Unilever, 2012).

O crescimento da Unilever conta parte da sua história de sucesso com a satisfação do cliente. No entanto, o que é verdadeiramente fascinante na empresa é a forma como a empresa se modelou de uma forma centrada no cliente, na conceção dos seus produtos e na forma como interage e chega aos seus clientes. As principais prioridades da empresa incluem:

Unilever Priority	Customer Centric Dimension
Better future for children	*Children are Unilever's big target group*
Healthier future for all	*Unilever caters to a large segment of health conscious customers*
A more confident future	*Unilever large customer segments are upward mobile and aspiring people*
A better planet	*Who can lay better claims to be a truly planet-al company? Of course Unilever with its 2 billion plus customers.*

Quadro 21: Prioridades da Unilever em: http://www.unilever.com/aboutus

4.5.3   Unilever Bangladesh

O Bangladesh continua a ser um mercado importante para a Unilever, onde a empresa chega a uns espantosos 90% da população do país através dos seus produtos. Presente com todas as suas principais marcas, a empresa desenvolve a sua atividade nos sectores dos cuidados domésticos, limpeza de tecidos, limpeza da pele, cuidados com a pele, cuidados orais, cuidados com o cabelo, cuidados pessoais e bebidas à base de chá. Toda a gama de produtos está intimamente ligada aos consumidores de uma forma que muito poucos produtos estão entrelaçados na vida quotidiana dos clientes, o que coloca a empresa numa posição em que o aumento bem sucedido da satisfação dos seus clientes traria enormes dividendos.

4.5.4   Estratégia do sítio Web da Unilever

A estratégia de marketing da Unilever é melhor resumida pela empresa no seu próprio relatório anual como: "descobrir o que os consumidores querem e dar-lhes" (Unilever, 2011). Embora a empresa reconheça que as necessidades e o comportamento dos consumidores são complexos e, por conseguinte, a empresa, para se manter no topo da competitividade, precisa de prever e de cumprir em termos de satisfação dos consumidores.

A empresa não utiliza a Internet como canal de vendas e, por conseguinte, a conceção do seu sítio Web faz lembrar qualquer sítio Web informativo. O carácter informativo do seu sítio Web dá à empresa uma perspetiva diferente do significado de satisfação do cliente.

A Unilever não utiliza o seu sítio Web para atrair, reter e, em última análise, induzir os clientes a adoptarem um comportamento de compra em linha. O que a empresa faz, no entanto, com o seu sítio Web é utilizar a sua única presença através do sítio Web para se manter na mente dos seus clientes. A utilização do sítio Web para apoiar as suas vendas offline determina a sua estratégia de conceção do sítio Web.

Duas coisas podem ser ditas sobre o sítio Web da empresa. Em primeiro lugar, devido à sua presença global e à existência de um sítio Web para quase todos os mercados em que opera, os custos são uma prioridade máxima para a empresa. A manutenção e a atualização de um número tão elevado de sítios Web implicam custos enormes. Em segundo lugar, no caso do Bangladesh, a conceção do sítio Web da empresa é muito semelhante à da sua versão global, com poucas conotações específicas do mercado. Embora manter os custos sob controlo possa ser uma das razões, é a natureza do sítio Web ditada pela abordagem de vendas da empresa no mercado do Bangladesh e a ausência de um ponto de venda direta em linha que afecta a forma como a Unilever interpreta e compreende a satisfação do cliente em linha.

Company	Website	Objective	Orientation	Concerns
Unilever	Informational	Brand Image Enhancement	Standardized	Costs

Quadro 22: Características dos sítios Web da Unilever Bangladesh

O facto de a Unilever utilizar o seu sítio Web como uma ferramenta de apoio à marca e, por conseguinte, optar por uma abordagem mais normalizada na conceção do seu sítio Web pode ser melhor explicado pelos seus elevados 6,1 mil milhões de euros
custos de publicidade e promoção (Unilever, 2011). A redução neste domínio, segundo a empresa, pode ocorrer nos mercados locais. O caso do seu sítio Web no mercado do Bangladesh reflecte esta estratégia de marketing empresarial e em formato online.

4.5.5   Clientes da Unilever no Bangladesh

Dada a sua gama de produtos no mercado do Bangladesh, a base de clientes da Unilever no mercado é enorme. As áreas domésticas em que os produtos da empresa estão a ser utilizados pelos seus clientes incluem: cuidados domésticos, limpeza de tecidos, chá, higiene oral, cuidados pessoais e cuidados com a pele (Sultana, 2010).

A verdadeira dimensão da base de clientes da Unilever reflecte-se no número total de pontos de venda, canais da rede de distribuição, que a empresa utiliza para vender aos seus clientes. De acordo com as estimativas de 2002, o número de pontos de venda da empresa totalizava 6, 94,521 (Alam *et al.,* 2011).

Regions	Distributors	Total Outlets	Direct Coverage	Indirect Coverage
Dhaka Metro	10	49,208	36913	12295
Dhaka Outer	22	113119	57742	55449
Chittagong	22	135357	52645	82712
Khulna	32	154019	65517	88502
Bogra	21	190968	49500	141468
Sylhet	12	62687	22940	39747
Total	119	694521	285257	420173

Quadro 23: Canais de distribuição da Unilever (Alam et *al.*, 2011).

4.5.6 Unilever e a satisfação dos clientes em linha

É surpreendente ver como a Unilever interioriza o conceito de satisfação do cliente, tanto num contexto online como offline. Uma visão crítica da página Web da empresa dá amplas pistas sobre a preocupação da empresa em melhorar a satisfação dos seus clientes e a compreensão da importância que os clientes têm no crescimento e no sucesso da Unilever.

Unilever Sense Making of Customer Satisfaction

Quadro 24: Unilever Sense making Adaptado de http://www.unilever.com.bd/aboutus/introductiontounilever/

4.5.7 Adhuli

Relativamente recente e de origem e perspetiva predominantemente bengalesa, o Adhuli é um dos maiores portais de compras em linha, com uma vasta gama de produtos e serviços oferecidos aos clientes locais (Adhuli, 2012). A sua presença, para os padrões do Bangladesh, é bastante ampla, uma vez que os seus serviços de entrega estão disponíveis em todas as principais cidades do país. Para conveniência dos clientes, o seu modo de pagamento inclui todos os principais cartões de crédito e de débito, bem como os cartões locais.

As suas categorias de produtos incluem mercearias, presentes, electrodomésticos, bolos, artigos de desporto, vestuário e outros produtos para o lar. De uma forma única, no contexto do Bangladesh, a Adhuli oferece aos seus clientes uma loja de um clique a partir do conforto da sua cadeira.

4.5.8 Estratégia do sítio Web da Adhuli

A conceção do sítio Web da Adhuli reflecte o entendimento que a empresa tem da ligação com os seus clientes. Embora a Internet e, em maior medida, o seu sítio Web sejam o único ponto de venda da empresa, a qualidade do seu sítio Web parece bastante simples. A simplicidade num determinado mercado, com todos os obstáculos ao comércio eletrónico, pode ser uma vantagem neste momento em que o mercado em linha amadurece no país, mas revela a vulnerabilidade da empresa em termos da sua capacidade tecnológica.

A natureza transacional do sítio Web da Adhuli deve-se ao facto de a empresa ser uma empresa puramente em linha. Com poucas competências tecnológicas e pouco conhecimento da investigação científica sobre o comportamento dos clientes, a dimensão mais adaptada da empresa na conceção do seu sítio Web é uma estratégia comercial astuta. Além disso, com um único sítio Web, a empresa não tem de se preocupar com a normalização.

Mas as características importantes e essenciais para aumentar a satisfação do cliente num contexto em linha estão todas presentes no sítio Web da Adhuli, sinalizando a abordagem da empresa à satisfação do cliente em linha.

Important Website Feature for OCS	Presence on Adhuli's Website
Payment Information & Security	×
Return Policy	×
Sales & Discount Information	×
Sign up/ Account	×

Tabela 25: Características do sítio Web da Adhuli

x= Função disponível

A adaptabilidade substancial do sítio Web da Adhuli ao seu mercado nacional parece dar dividendos em termos de tráfego na sua página Web e da duração da sua página Web, envolvendo os clientes por visita. De acordo com a classificação de tráfego Alexa, os visitantes da página Web da Adhuli passam, em média, 2 minutos e 42 segundos por página. Em média, cada cliente visualiza cerca de duas páginas e o grau de adaptação da sua página Web pode ser claramente associado ao número de clientes em linha da sua base. Cerca de 89 % dos seus clientes em linha são originários do Bangladesh, o que evidencia o grande investimento da empresa na adaptação da sua página Web (Alexa, 2012).

4.5.9 Clientes da Adhuli no Bangladesh

A base de clientes da Adhuli é bastante ampla devido aos produtos que a empresa vende no seu sítio Web. Com uma gama de produtos que inclui produtos de confeitaria, informática, eletrónica, entretenimento, flores, alimentos e bebidas, frutas, presentes, mercearias e legumes, artesanato, saúde e medicina, electrodomésticos, artigos de couro, animais de estimação, carne e peixe, artigos de escritório e desporto, a Adhuli é a resposta local do Bangladesh à Amazon.com, embora seja uma versão mais rudimentar (Adhuli.com, 2012). Esta vasta gama de produtos dá à empresa um mercado-alvo mais vasto. Assim, o seu grupo-alvo inclui clientes de todas as origens e grupos etários. No entanto, dado o nível relativamente baixo de acesso à Internet, a baixa literacia informática e o baixo rendimento per capita, a sua gama de clientes é muito mais pequena do que a sua gama de produtos sugere.

4.5.10 Adhuli & Satisfação do cliente em linha

No caso da Adhuli, a satisfação do cliente significa essencialmente a satisfação do cliente em linha, uma vez que a empresa não tem até à data qualquer presença física e funciona apenas como uma empresa em linha. A satisfação do cliente em linha significa, portanto, para a Adhuli, crescimento e vendas. Este facto não é esquecido pela empresa, uma vez que o seu próprio mantra é ".... para proporcionar a melhor experiência de compras de Bangladesh ... fornecendo produtos exclusivos, envios fiáveis e um serviço ao cliente excecional" (Adhuli.com, 2012).

Customer Satisfaction as Adhuli Sees it	
Action	**Outcome**
"best shopping experience" →	*Enhance customer satisfaction online*
"exclusive products" →	*Making customer feel special*
"Reliable shipping" →	*Allaying their fears*
"exceptional customer service" →	*pampering the customer*

Tabela 26: Importância da perceção de Adhuli sobre a satisfação do cliente em linha

CAPÍTULO 5

Nesta *secção, analisaremos e discutiremos* os *resultados empíricos* do *nosso estudo à luz do nosso quadro teórico e daremos sentido aos nossos dados, tentando assim compreender como funcionam os sítios Web das duas empresas em termos do seu potencial de satisfação dos clientes em linha.*

A satisfação do cliente em linha através do sítio Web de uma empresa é muito mais complexa do que parece à primeira vista. Embora a natureza de uma empresa em termos da sua perspetiva global ou local possa dar-lhe algumas vantagens específicas relacionadas com o know-how tecnológico e o poder financeiro, é a forma como as empresas entendem a noção de "satisfação do cliente em linha" e a sua compreensão do papel desempenhado pela normalização e adaptação dentro dos limites da questão que é fundamental para o sucesso da satisfação do cliente em linha através de um sítio Web.

A partir do nosso quadro teórico, podemos inferir que duas dimensões principais de um sítio Web: técnica e não técnica, são significativas em termos do valor da satisfação do cliente em linha. Mais ainda, a normalização é frequentemente muito mais dependente do lado tecnológico, com aspectos como o envolvimento da tecnologia mais recente, a uniformidade em termos dos diferentes sítios Web, a facilidade de utilização e a fiabilidade. A adaptação lida mais com o aspeto não técnico mas humanista, igualmente essencial para estabelecer uma relação com os clientes e altamente significativo para a satisfação dos clientes em linha, com aspectos como a dimensão cultural, os gostos e preferências dos clientes num mercado específico e o aspeto linguístico. É importante mencionar aqui que as preocupações com a liderança num determinado mercado e a pressão dos pares sobre as empresas desse mercado impulsionam frequentemente o aspeto de normalização de um sítio Web, ao passo que as preocupações com a imagem e a visão da marca impulsionam uma maior adaptação de um sítio Web no contexto da satisfação do cliente em linha.

É óbvio que investir mais recursos financeiros e tecnológicos num sítio Web pode parecer mais atrativo e apelativo para os clientes, pelo menos no que diz respeito ao aspeto tecnológico. No entanto, isso não significa que um sítio Web dispendioso seja sinónimo de maior satisfação do cliente. A Unilever, no nosso estudo, representa essas empresas com influência global, enorme know-how financeiro e tecnológico e uma base de clientes alargada. Os nossos dados empíricos sugerem que o sítio Web da Unilever Bangladesh, apesar de estar à altura da marca em termos de qualidade do sítio Web, utilizando todos os truques em termos de normalização, carece, no entanto, de uma adaptação substancial do sítio Web ao mercado local. É importante compreender aqui que o principal objetivo da Unilever para o seu sítio Web neste mercado específico é informativo e, por conseguinte, altera de alguma forma a dinâmica, ao contrário de um sítio Web criado especificamente para fins transaccionais e de venda direta. No entanto, os clientes, especialmente os clientes com conhecimentos técnicos e educados, estão bem conscientes das suas sensibilidades culturais e das suas identidades pessoais, comunitárias e mesmo nacionais, especialmente num cenário de mercado em desenvolvimento, pelo que respondem positivamente apenas a sítios Web de boa qualidade. Os dados do nosso documento mostram claramente que ter em conta as aspirações e preferências locais e estabelecer uma ligação com os clientes locais a nível cultural e nacional significa que uma empresa relativamente mais pequena pode ser bem sucedida num mercado através do seu sítio Web, atraindo e retendo clientes através do simples aumento da satisfação do cliente em linha. A adaptação pode, portanto, fazer maravilhas em termos de satisfação do cliente em linha para as empresas que envolvem os clientes através dos seus sítios Web apenas para fins informativos. Um sítio Web altamente adaptado num contexto informativo pode cativar um cliente de forma muito mais eficaz, uma vez que os clientes podem considerar muito mais apelativo o toque local do sítio Web de uma empresa global. Também alarga o apelo do sítio Web, uma vez que a língua local é facilmente seguida em todo o mercado. Mais ainda, pode transmitir um sentimento de pertença, aumentando assim a satisfação do cliente ao apelar à sua dimensão local e cultural. Uma vez que os sítios Web informativos são mais futuristas e de longo prazo, na medida em que tendem a melhorar a imagem de uma empresa e a reforçar o seu capital social num mercado, a falta de esforço em termos de adaptação do sítio Web da Unilever Bangladesh parece não atingir o objetivo em grande medida no mercado. Transmite também a imagem fria das organizações multinacionais, que são acusadas de serem movidas apenas pelos lucros e pelos custos, independentemente do custo para a sociedade ou para a comunidade em que operam. O seu impacto adverso e não intencional pode ter enormes implicações para os slogans corporativos extravagantes da empresa, uma vez que podem ser vistos como meros slogans que são demasiado pequenos para que os clientes de hoje prestem atenção e sejam atraídos, quanto mais convencidos, por um sítio Web de uma empresa a envolverem-se num comportamento de compra.

As multinacionais, e a Unilever no âmbito do nosso estudo, não estão diretamente ligadas aos seus clientes através do seu sítio Web; os sítios Web destas empresas são frequentemente uma ferramenta secundária, uma vez que não há vendas diretamente ligadas a eles. A própria natureza deste modelo, evidente no caso da Unilever Bangladesh, coloca o sítio Web e o pensamento por detrás dele numa posição que carece da motivação e dos recursos necessários para envolver o cliente de uma forma pró-ativa através do sítio Web. De certa forma, isto é contra-intuitivo, especialmente quando estas empresas se gabam do valor da sua marca. A falta de recursos e de esforços destas empresas em termos de adaptação é muitas vezes explicada como custos associados à ausência de vendas directas, mas apenas com bens intangíveis, mas é do valor intangível da marca que estas empresas tanto se gabam. Os concorrentes parecem ser a razão fundamental da existência destes sítios Web altamente normalizados, no caso dos sítios Web informativos. Os sítios Web destas empresas, como indica a Unilever Bangladesh, só existem porque os seus rivais próximos também estão presentes no mercado. No entanto, como mostram os nossos dados, os clientes compreendem rapidamente este facto, que pode levar a uma má vontade para com a empresa no terreno, no mercado. Os clientes podem perceber a estratégia, uma vez que estes sítios Web são vistos como uma mera extensão das operações offline das empresas e não passam de canais de publicidade permanente. No caso da Unilever, a ligação indireta em linha, na ausência de vendas em linha, afecta a sua abordagem, que é mais subtil por natureza e, por vezes, parece limitada a um mero instrumento de publicidade para o bem geral da imagem de marca da empresa e/ou para reforçar as vendas offline da empresa no Bangladesh. No sítio Web da Unilever Bangladesh, sentimos que este tipo de pensamento no seio da empresa deu origem a uma inércia organizacional por parte da direção no que diz respeito à sua presença em linha, ao sítio Web e à sua capacidade de aumentar a satisfação dos clientes em linha. Inconscientemente, a Unilever Bangladesh parece estar cega para a necessidade muito significativa de melhorar a satisfação do cliente em linha através do seu sítio Web, através de uma ligação muito mais profunda por meio da inclusão e internalização dos gostos, sensibilidades culturais e linguagem dos clientes no sítio Web. Tal como acontece com todas as multinacionais, a complacência em termos de adaptação do sítio Web da Unilever Bangladesh deve-se à obsessão da empresa com a poupança de custos, que parece ser o fator determinante para a organização, ao considerar fúteis quaisquer custos adicionais, quando não é possível associar vendas directas aos sítios Web. Embora, a nível tático, este tipo de raciocínio faça sentido, são as implicações estratégicas a longo prazo que são bastante condenáveis. Para a Unilever Bangladesh, com um sítio Web informativo, só faz sentido concentrar-se mais no longo prazo e na centralidade do cliente no sítio Web, uma vez que os sítios Web informativos são, por natureza, estratégicos, com o objetivo de melhorar a relação com os clientes através de uma ligação significativa e mais profunda. As empresas com este tipo de pensamento correm o risco de não conseguir desenvolver uma relação estratégica a longo prazo com os clientes, especialmente os clientes em linha, muitas vezes mais instruídos e com mobilidade ascendente, e, em casos extremos, de os perder para concorrentes mais atentos às suas aspirações e necessidades.

Aprofundando os nossos dados empíricos e tendo em conta os motivos que levaram a Unilever a criar o seu sítio Web, devido à natureza informativa do mesmo, a perceção que os clientes têm do seu sítio Web está em conformidade com as conclusões anteriores de estudos semelhantes. A qualidade do sítio Web da Unilever no Bangladesh está no topo e a opinião dos clientes sobre a sua normalização é bastante otimista. No entanto, os clientes são rápidos a apontar a falta de adaptação adequada do sítio Web da Unilever. Além disso, os clientes consideram o fator cultural bastante importante para eles, mais uma vez em conformidade com as afirmações de Hofstede sobre a importância da cultura em mercados e comunidades específicos, sendo o Bangladesh uma comunidade bastante unida, com um elevado nível de orgulho e aspirações nacionais. Em termos de importância dos factores críticos para os clientes, a imagem de marca e a confiança continuam a ocupar um lugar de destaque na lista. Assim, o sítio Web da Unilever, com o seu objetivo de ajudar a melhorar a sua imagem de marca offline, pode ser muito útil para a empresa. Pode ainda fazer incursões se e quando a empresa transformar o seu sítio Web de um sítio Web informativo para um sítio Web transacional, uma vez que os clientes o consideram altamente fiável e que seria eficaz na venda em linha. No entanto, a sua baixa classificação novamente no aspeto cultural pode ser igualmente má numa forma transacional.

Em termos de espaço para melhorias no que diz respeito à normalização, a maioria dos clientes vê um grande vazio no sítio Web. Embora, atualmente, possa ser menos prejudicial para a empresa, uma vez que o sítio Web é utilizado principalmente de forma informativa, pode ser prejudicial para a empresa se a natureza do seu sítio Web mudar, caso não se proceda a uma boa adaptação do mesmo.

A satisfação dos clientes reflecte-se no entendimento que a própria empresa tem da satisfação dos clientes em linha e nas suas expectativas em relação ao seu sítio Web. Parece que a empresa compreende o grau de adaptação e normalização necessário para o seu sítio Web neste mercado específico, tendo em conta os custos associados ao sítio Web e o impacto direto que este pode ter. Com um grau de adaptação tão reduzido, a empresa não só se envolve numa poupança efectiva de custos, como também cuida eficazmente da sua imagem de marca offline.

As empresas locais, como é o caso da Adhuli no nosso estudo, embora em desvantagem em termos de tecnologia e recursos monetários, utilizam da melhor forma os seus conhecimentos locais e a sua estreita ligação às raízes do mercado. No entanto, o inconveniente, como é evidente no nosso caso, é o desenvolvimento da qualidade do sítio Web, que, por vezes, pode ser bastante desanimador e pode mesmo afastar os recém-chegados. Um sítio Web de má qualidade não consegue dar resposta à ansiedade dos clientes em linha e, por conseguinte, não consegue reter os novos clientes, resultando frequentemente numa oportunidade de compra perdida. O que essas empresas têm de ter em conta são os clientes de primeira viagem, pois são os mais relutantes em comprar em linha e é precisamente esse tipo de clientes que é essencial para a sobrevivência da empresa e para a ajudar a alargar a sua quota de mercado. Uma qualidade muito melhor do sítio Web pode facilmente melhorar a experiência dos clientes que já fizeram compras em linha e levá-los a recomendar o sítio Web a outros clientes. Neste caso, a Adhuli parece ser excessivamente otimista com o seu pedigree local e o seu conhecimento do mercado local. Como mostra a nossa discussão nos grupos de discussão, os clientes não estão satisfeitos com a qualidade do sítio Web da empresa e, à medida que a concorrência aumenta, a empresa pode ter mais dificuldade em atrair e reter clientes, à medida que os seus gostos e preferências mudam. Embora um sítio Web bem adaptado ajude a estabelecer uma ligação com o cliente e a aumentar a sua satisfação em linha e a envolvê-lo de forma significativa, é a qualidade mínima do sítio Web que o envolve inicialmente e alivia a sua ansiedade inicial em relação a uma empresa. A Adhuli parece ter ignorado este facto muito importante sobre o seu único canal de vendas, o que também parece contra-intuitivo.

Estando presente apenas no seu mercado doméstico, o investimento na qualidade do sítio Web da Adhuli pode aumentar consideravelmente a eficiência e a eficácia do seu sítio Web de muitas outras formas. As nossas conclusões sugerem que a má qualidade do sítio Web da Adhuli conduz frequentemente a inconvenientes para os clientes e a atrasos desnecessários, afectando assim o tráfego nos sítios Web da empresa. A incapacidade da Adhuli de fornecer informações em tempo real sobre a disponibilidade dos produtos que vende afecta negativamente a experiência em linha dos clientes e, por conseguinte, o seu nível de satisfação.

Os clientes são bastante expressivos no que diz respeito à qualidade do sítio web da Adhuli e ao seu aspeto técnico. Uma vez que a Adhuli se dedica à venda direta aos seus clientes, estes desconfiam em maior medida da qualidade do sítio web, o que se reflecte num número considerável de respostas total ou parcialmente insatisfeitas com o sítio web, sobretudo devido à falta de qualidade do sítio web e às questões conexas de confiança e fiabilidade da página web. Sendo o único ponto de venda da Adhuli no seu mercado doméstico e único, a empresa pode desenvolver grandemente o seu sítio Web através de melhores investimentos e da melhoria da sua dimensão tecnológica.

Em termos de um maior grau de adaptação, a empresa parece estar a acertar nas notas certas com os seus clientes em termos de satisfação online. Um sítio Web muito mais adaptado aos gostos, preferências e aspirações locais garante um fluxo constante de tráfego no seu sítio Web e a utilização da língua local alarga o seu apelo e a sua base de clientes.

A Adhuli parece estar a perder o apelo da marca de que a Unilever Bangladesh goza devido à sua presença global. Juntamente com uma falta significativa de atratividade do sítio Web, os dois factores, em conjunto, aumentam ainda mais a ansiedade dos clientes e têm um impacto negativo na satisfação dos clientes em linha no caso da Adhuli.

A satisfação do cliente em linha é, de um modo geral, muito mais complexa e as empresas precisam de investir muitos esforços e recursos para convencer, atrair e reter clientes através dos seus sítios Web e aumentar persistentemente a sua satisfação, a fim de melhorar a sua quota de mercado. Embora a normalização de um sítio Web possa ser boa em termos de custos e possa até ter vantagens para o utilizador, é muitas vezes a singularidade que advém da adaptação ao mercado específico que atrai os clientes e aumenta a sua satisfação online. As empresas que dedicam tempo e recursos para se adaptarem aos gostos dos seus clientes ganham definitivamente. No entanto, não é necessário ignorar outros factores críticos, uma vez que estes trabalham em conjunto com um sítio Web normalizado ou adaptado, tornando-o suficientemente bom para aumentar a satisfação dos clientes em linha e convencê-los a envolverem-se num comportamento de compra.

Critical Website Factors for OCS	Unilever	Adhuli
Standardization	The company's website is to a greater degree standardized with its global webpage indicating the relative less importance it puts on the Bangladeshi market and the significance of cost cuttings within the company thinking.	No issue of standardization as it has to work with a single webpage in a single market leaving the company with no such consideration.
Adaptation	Very minimally adapted to the market. Moreover, the little adaptation within its website gives the impression of corporate advertising leaving the adaptation dimension as being corporate 'whitewashed'.	Greatly adapted as it remains the company's only channel to market and sell. The strategic implications of online customer satisfaction seems to direct the company's decision vis-à-vis adaptation.
Website Quality	Great quality, nice colors and adequately	Mediocre overall website quality depicting the

	user friendly. However, the company seems to be short of ideas in order to creatively engage customers and enhance their satisfaction.	relatively newness of the company and its technological and financial state. However, in a shrewd manner it seems to have overcome its website quality weakness through some clever adaptation and making the best of the local knowledge of the customers tastes and preferences and their behavior.
Other factors	With a strong brand image in an offline context, the company uses its website to promote and expand its brand outreach. It appears the company is more interested in using its website as a means of online communication channel as it doesn't have to worry about the sales aspect in an online context.	With no offline brand image to fall back on, the company's vision of being the best customer rated company seems to be working well for it.
CSR	Brilliantly underscores the excellent work the company is engaged in with respect to community uplifting. Such relationship marketing plays well with its strong brand image.	With no notable CSR credentials to boast about, the company focuses even further on adaptation and ingeniously makes use of the native language and culture instead.

Tabela 27: Semelhanças e contrastes na forma como ambas as empresas abordam o aspeto da normalização e adaptação dos seus sítios Web para o SCO.

CAPÍTULO 6

Chegamos agora à conclusão relativamente à nossa questão de investigação, dentro dos limites dos nossos dados. Embora seja mais difícil determinar explicitamente se um sítio Web mais normalizado ou adaptado pode levar a uma maior satisfação dos clientes, é no entanto mais fácil, à luz dos nossos dados, chegar a alguns resultados conclusivos.

Poderíamos ser tentados a aceitar o estudo como estando solidamente colocado no domínio do estudo comparativo, principalmente e exclusivamente, na diferença das abordagens empregues pelas duas empresas no estudo relativamente aos seus sítios Web. No entanto, consideramos importante recordar aos nossos leitores que o objetivo do nosso estudo é compreender "o entendimento das empresas" dos seus sítios Web como um veículo de ligação com os seus clientes em linha, independentemente da natureza do sítio Web, da abordagem direta ou indireta. Mais ainda, para nós, consideramos que a comparação é feita ao nível do mercado, mercado esse definido pela geografia, o Bangladesh. Tomando o mercado como plataforma comum, o estudo tentou examinar o pensamento subjacente à forma como ambas as empresas tentam percecionar o comportamento e a satisfação do cliente em linha.

A satisfação do cliente online tem significados diferentes para diferentes empresas. Estes significados são o resultado do comportamento de uma organização. Por vezes, pode ser o resultado do ambiente em que uma empresa se encontra num mercado específico. No entanto, é frequentemente ditada pelo pensamento estratégico, que resulta de considerações de custos, quota de mercado e, nalguns casos, de sobrevivência. Como descobrimos, para uma multinacional com um sítio Web informativo, o mercado local não é mais do que um segmento do quadro geral e as decisões relativas à adaptação e normalização dos seus sítios Web vêm de longe e não são tomadas localmente. Para uma empresa local que se dedica à venda direta em linha, estas decisões são o resultado de cálculos locais e têm um enorme significado. Para essas empresas, não existe a ilusão de um quadro mais alargado, mas talvez seja o único quadro.

As empresas que se dedicam à venda direta estão obsessivamente ocupadas a tentar encontrar formas de envolver os clientes de uma forma significativa através dos seus sítios Web e são muito sensíveis à satisfação dos seus clientes em linha. Para estas empresas, os custos são secundários em relação à satisfação dos seus clientes. Os sítios Web destas empresas situam-se, de um modo geral, no pólo de adaptação do continuum normalização/adaptação.

O único ponto de venda da Adhuli, o seu sítio Web, torna imperativo que a empresa esteja extremamente atenta à satisfação dos seus clientes em linha. Pelo contrário, a Unilever, que não vende através do seu sítio Web, limita-se a utilizá-lo como apoio às suas operações offline para promover e melhorar a sua imagem de marca. Os custos para a Unilever são de importância considerável e, por isso, a empresa trabalha ativamente para normalizar os seus sítios Web em cada mercado, a fim de controlar os custos desnecessários frequentemente associados à inovação e à adaptação dos sítios Web.

A normalização tem outra dimensão que, em certa medida, atenua os benefícios da adaptação. A normalização conduz a melhorias na qualidade do sítio Web, outro fator crítico essencial e frequentemente associado à satisfação do cliente em linha. Ao tentar normalizar, uma empresa tem um parâmetro para medir a qualidade do seu sítio Web em relação à sua página global em termos de interface e aspeto tecnológico. A Unilever parece tirar partido deste facto associado à normalização, ao passo que a Adhuli, sem outra página com a qual se comparar, parece ficar aquém nesta frente.

Embora a natureza diferente de ambas as empresas e a disponibilidade de recursos e competências diferentes possam determinar a decisão em termos de normalização e adaptação nos seus sítios Web, o que permanece constante é a satisfação em linha dos clientes que ambas as empresas parecem procurar, cada uma à sua maneira, jogando com os seus pontos fortes. No entanto, ambas podem obviamente retirar lições da abordagem uma da outra relativamente à utilização dos seus sítios Web em termos de satisfação dos clientes em linha e, assim, melhorar rapidamente a sua ligação com os clientes em linha e, subsequentemente, as suas receitas.

CAPÍTULO 7

7. RECOMENDAÇÕES

Estas recomendações baseiam-se nos conhecimentos que retirámos dos nossos resultados empíricos e da análise subsequente. Uma vez que se trata de um estudo comparativo, as recomendações formuladas são separadas para ambas as empresas, devido à sua natureza distinta e à diferença na utilização dos seus sítios Web.

- **Unilever Bangladesh**
  - o Um grau relativamente mais elevado de adaptação no seu sítio Web, de uma forma rentável, ajudaria muito a empresa a manter-se fiel aos seus clientes.
  - o Uma utilização mais generalizada da língua local pode alargar a *atração da empresa no mercado e, assim, difundir a informação sobre a empresa de uma forma muito mais ampla.*
  - o *O facto de se ter em conta a cultura, a língua e as aspirações locais pode ajudar a empresa a atingir o objetivo fundamental de criar um sítio Web informativo neste mercado específico, reforçando assim a sua imagem de marca e a sua boa vontade.*
  - o *Um grau de adaptação relativamente mais elevado pode também ajudar a reforçar a sua dimensão de responsabilidade social das empresas, reforçando a participação dos clientes de uma forma mais ampla, utilizando assim plenamente o seu sítio Web tecnologicamente superior.*
  - o *Uma adaptação insuficiente pode ser vista como uma falta de consideração e pode, no futuro, ter um efeito adverso nas suas operações offline, à medida que a utilização da Internet se difunde mais no mercado e o poder das redes sociais se expande.*
- **Adhuli**
  - o *Altamente essencial para melhorar a qualidade do sítio Web.*
  - o *Um certo grau de normalização em termos das características básicas do seu sítio Web em relação a outros sítios Web semelhantes no mercado seria muito benéfico para a empresa, uma vez que melhoraria o fator de conveniência e de facilidade de utilização para os clientes.*
  - o A inclusão de mais informações no sítio Web sobre a empresa, para além dos produtos, ajudará os clientes a compreenderem a empresa de uma forma mais profunda *e reduzirá a ansiedade dos clientes em relação à confiança e fiabilidade da empresa.*
  - o *Os custos relacionados com as melhorias do sítio Web devem ser considerados como investimentos, especialmente porque o mercado em linha no Bangladesh está preparado para crescer consideravelmente num futuro próximo.*

Referências

- o Adhuli. (2012) 'About Us' [Em linha] Disponível em: *http://www.adhuli.com/index.php?s=25&info_id=2* [Acedido em 5 de maio[th] , 2012],
- o Aguwa, C. Monplaisir, L. & Turgut, O. (2012) 'Voice of the Customer: Customer Satisfaction Ratio Based Analysis", *Expert Systems with Applications, Vol. 39:* 10112 - 10119.
- o Ahn, H., Kwon, W. & Sung, Y. (2010) 'Online Brand Community across Cultures', International Journal of e -- Business Management, vol. 4, no. 1:34-52.
- o Ahn, T., Ryu, S., Han, I. (2004) 'The Impact of the Online and Offline Features on the User Acceptance of Internet Shopping Mall', *Electronic Commerce Research and Applications, Vol.* 3, no. 4: 405-420.
- o Alam, S. & Tasin, N. (2010) 'An Investigation into the Antecedents of Customer Satisfaction of Online Shopping', *Journal of Marketing Development & Competitiveness, Vol. 5, no.1: 71 - 77.*
- o Alam, M. & Choudhury, A. (2011) 'Factors Affecting Retailers Attitude towards Manufacturers: A Study on Unilever", *Journal of Economics & Behavioral Studies, 2, 4, 138 - 150*
- o Alba, J., Lynch, J., Weitz, B., Janiszewaki, C., Lutz, R., Sawyer, A., Wood, S. (1997) 'Interactive Home Shopping: Consumer, Retailer & Manufacturer Incentives to Participate in Electronic Marketplaces", *Journal of Marketing, vol. 61, no. 3: 38 - 53.*
- o A lexa. Com (2012). "Adhuli.com: Resumo das estatísticas para Adhuli.com" [Online] *Disponível em:*

http://www.alexa.com/siteinfo/adhuli.com [Acedido em 20 de julho, 2012]

o Bai, B., Law, R. & Wen, I. (2008) 'The Impact of website Quality on Customer Satisfaction & Purchase Intentions: Evidence from Chinese Online Visitors", *International Journal of Hospitality Management, vol. 27: 391 - 402.*

o Bakos, Y. (1998) "The Emerging Role of Electronic Marketplaces on the Internet", Comm. *ACM, vol. 41, no. 8: 35 - 42.*

o Bhattacherjee, A. (2001) 'An Empirical Analysis of the Antecedents of Electronic Commerce Service Continuance', *Decision Support Systems, Vol. 32: 201 -* 14.

o Blanksvard, L. & Norlander, T. (2008) 'Cultural Sensitivity of a Company Websites', *Tese de Mestrado em Marketing,* Universidade de Tecnologia de Lulea, janeiro.

o Bryman, A. (2008) 'Social Research Methods', *Oxford University Press.*

o Bryman, A. (2012). "Social Research Methods", *Quarta Edição, Oxford University Press.*

o Couldwell, C. (1998) 'A Data Day Battle', *Computing,* 21 de maio: 64-66.

o David, M. (2007) 'Culture, Context & Behavior', *Journal of Personality, Vol. 75, no. 6: 285 - 320.*

o Dawson, P. (1994) 'Organisational Change: A Processual Approach", *Londres: Paul Chapman.*

o Degeratu, A., Rangaswamy, A., & Wu, J. (2000) 'Consumer Choice Behavior in Online & Traditional Supermarkets: the Effects of Brand Name, Price, & Other Search Attributes', *International Journal of Research in Marketing, vol. 17, no. 1: 55- 78.*

o Devaraj, S., Fan, M. & Kohli, R. (2002) 'Antecedents of B2C Channel Satisfaction & Preference: Validating e-commerce Metrics", *Information System Research, Vol. 13, no.3: 316 - 33.*

o Ecommerce Journal. (2012) 'Internet & e -commerce Industry in Bangladesh', *[Online] Disponivel em: http://www.ecommerce-   journal.com/articles/25294_internet-and-e-commerce-industry-bangladesh,* *[Retrieved on May 26ᵗʰ , 2012].*

o Economides, N. & Himmelberg, C. (1995) "Critical mass and network evolution in telecommunications," In: G.W. Brock (editor). *Toward a competitive telecommunications industry: Selected papers from the 1994 Telecommunications Policy Research Conference.* Mahwah, N.J.: Lawrence Erlbaum Associates: 4766.

o Eid, M. (2011) 'Determinants of E-Commerce Customer Satisfaction, Trust & Loyalty in Saudi Arabia', *Journal of Electronic Commerce Research, Vol 12, no.1: 78 - 93.*

o Flavian, C., Guinaliu, M & Gurrea, R. (2006) 'The Role Played by Percieved Usability Satisfaction & Consumer Trust on Website Loyalty', *Information & Management, Vol. 43: 1 -* 14.

o Fisher, C. (2007) *'Researching & Writing a Dissertation: A Guidebook for Business Students",* FT Prentice Hall.

o Friedman, T. (2005) 'The *World is Flat: A Brief History of the Twenty- first Century',* Farrar, Straus & Giroux.

o Garver, M.S. e Gagnon, G.B. (2002), "Seven keys to improving customer satisfaction programs", *Business Horizons, Vol. 45, no. 5: 35-42.*

o Grewal, D., Lyer, G.R. & Levy, M. (2004). Internet Retailing: Enablers, Limiters and Marketing Consequences. *Journal of Business Research,* 57, (7), 33-43.

o Groose, C. (2007) 'Web- Based Communication of Global Companies: Do Languages & Culture Matter? *Global Business Languages, vol. 12, no. 1: 68 - 83.*

o Hall, T. (1976). 'Beyond Culture', *Random House, Inc.*

o Heiner, E., Gopalkrishnan, I., Josef, H. & Dieter, A. (2004) 'E-satisfaction: a reexamination', *Journal of Retailing, Vol.80, no.3: 239 - 47.*

o Hoffman, L. & Novak, P. (1996) 'Marketing in Hypermedia Computer - Mediated Environments: Conceptual Foundations', *Journal of Marketing, vol. 60, no. 3: 50 - 68.*

o Hofstede, G. (1980) *'Cultural Consequences: International Differences in Work Related Values",* Beverly Hills, CA: Sage.

o Hofstede, G. (2001). *'Cultural Consequences: Comparing Values, Behaviors, Institutions & Organizations across Nations',* 2ⁿᵈ ed. Sage Publications.

o   Hofstede, G. & Hofstede, G. J. (2005) *'Cultures & Organizations: Software of the Mind'*, MeGraw - Hill: Nova Iorque.

o   Ho, F. & Wu, H. (1999) 'Antecedents of Customer Satisfaction on the Internet: An Empirical Study of Online Shopping", *Actas da 32ª Conferência Internacional do Havai sobre Ciências do Sistema, Havai, EUA.*

o   HONGK T. & Kim, E. (2012) 'Segmenting Customers in Online Stores Based on Factors that Affect the Customer's Intention to Purchase', *Expert Systems with Application, vol. 39: 2127 - 2131.*

o   Hossain, N. (2000) 'E -commerce in Bangladesh: Status, Potential & Constraints', *USAID.*

o   Hsu, S. (2008) "Developing an Index for Online Customer Satisfaction: Adaptation of American Customer Satisfaction Index", *Expert Systems with Applications, vol. 34: 3033 - 3042.*

o   Hsu, S. (2008) "Developing an Index for Online Customer Satisfaction: Adaptation of American Customer Satisfaction Index", *Expert Systems with Applications, Vol. 34: 3033 - 3042.*

o   Hsuehen, H. (2006) 'An Empirical Study of Website Quality, Customer Value and Customer Satisfaction Based on e-shop', *The Business Review, Vol. 5, no. 1: 190-3.*

o   Kambil, A. (1995) "Electronic Commerce: Implications of the Internet for Business Practice & Strategy", *Business Economics, vol. 30, no. 4: 27.*

o   Kalof, L., Dan, A., & Dietz, T. (2008)'Essentials of Social Research' *Bershire: Open University Press.*

o   Kim, S. & Lim, J. (2001) 'Consumers' Perceived Importance of Satisfaction with Internet Shopping', *Electronic Markets, Vol. 11, no. 3: 148 - 54.*

o   Kim, S. & Stoel, L. (2004) 'Apparel Retailers: Website Quality Dimensions & Satisfaction', *Journal of Retailing & Consumer Services, Vol. 11, no.2: 109 - 17.*

o   Kotler, P. (1997) 'Marketing Management: Analysis, Planning, Implementation and Control", *Prentice Hall, Engelwood Cliffs, NJ.*

o   Krillion (2008) 'Retailing Survey' [Em linha] Disponível em: http://www.krillion.com/xAV-news-20080324_etailing_survey [Acedido em 20 de março de 2012],

o   Laughlin, L. Norvell, D. & Andrus, D. (1994) 'Marketing Presbyopia', *Journal of Marketing Theory and Practice, vol. 2, no. 5: 637 - 649.*

o   Lee, S., Geistfeld , V., & Stoel , L. (2007) 'Cultural Differences Between Korean & American Apparel Websites', *Journal of Fashion Marketing and Management, vol. 11, no. 4:511-528.*

o   Lee, R. P., & Grewal, R. (2004) 'Strategic Responses to New Technologies & Their Impact on Firm Performance', *Journal of Marketing, 68(4), 157-171.*

o   Lee, K. & Joshi, K. (2007) 'An Empirical Investigation of Customer Satisfaction with Technology Mediated Service Encounters in the Context of Online Shopping', *Journal of Information Technology Management, Vol.* 18, no. 2:18-37.

o   Lee, H., Choi, S. & Kang, Y. (2009)' Formation of e-satisfaction & Repurchase Intention: Moderating Computer Self-efficacy & Computer Anxiety", *Expert Systems with Applications, vol. 36: 7848 - 7859.*

o   Liu, X., He, M., Gao, F. & Xie, P. (2008) 'An Empirical Study of Online Shopping Customer Satisfaction in China: a Holistic Perspective', *International Journal of Retail & Distribution Management, Vol. 36, no. 11: 919 - 940.*

o   Lindgreen, A. & Wynstra, F. (2005) 'Value in Business Markets: What Do We Know? Where are We Going? *Industrial Marketing Management, vol. 34, no. 7: 732-48.*

o   Liao, H., Proctor, W. & Salvendy, G. (2009) 'Chinese & US Online Consumers' Preferences for Content of e-commerce Websites: A Survey", *Theoretical Issues in Ergonomics Science, vol.* 10, no. 1:19-42

o   Lin, H. (2007) 'The Impact of Website Quality Dimensions on Customer Satisfaction in the B2C E-Commerce Context', *Total Quality Management & Business Excellence, vol. 18, no. 4: 363 - 378.*

o   Luna, D., Peracchio, A. & de Juan, D. (2002) 'Cross -cultural & Cognitive Aspects of Website Navigation', *Academy of Marketing Science Journal, vol. 30, no. 4: 397 - 410.*

o   Lu, J., Wang, L. Hayes, L. (2012) 'How Do Technology Readiness, Platform Functionality & Influence C2C User Satisfaction', *Journal of Electronic Commerce Research, Vol. 13, no. 1: 50 - 69.*

o   McKinney, V., Kanghyun, Y. & Fatemeh, Z. (2002) 'The Measurement of Customer Satisfaction: An

Expectation & Disconfirmation Approach", *Information Systems Research, vol. 13, no. 3: 296 - 315.*

o McKinney, V., Kanghyun, Y. & Zahedi, M. (2002) 'The measurement of webcustomer satisfaction: an expectation and disconfirmation approach', *Information System Research, Vol. 13, no. 3: 296-315.*

o McQuitty, S., Finn, A. & Wiley, J. (2000) 'Systematically Varying Consumer Satisfaction and its Implications for Product Choice', *Academy of Marketing Science Review.*

o Mendelsohn, T., Johnson, C. A., & Meyer, S. (2006) 'Understanding US crosschannel shoppers', Forrester Research, 19 de abril.

o Miles, B. & Huberman, A. (1994) ' Qualitative Data Analysis: An Expanded Sourcebook of New Methods', 2nd ed., Sage: Thousand Oaks.

o Miller, D., Jackson, P., Thrift, N., Holbrook, B. & Rowlands, M. (1998). "Shopping, Place and Identity", *Londres: Routledge.*

o Morgan, D. (1998a) *'PlanningFocus Groups',* Thousand Oaks, Califórnia: Sage.

o Myers, M. D. (1997) 'Qualitative Research in Information Systems', *MISQ Discovery,* 241-242.

o Nantel, J. & Glaser, E. (2008) 'The Impact of Language & Culture on Perceived Website Usability', *Journal of Engineering & Technology Management, vol. 25: 112 - 122.*

o Nusair, K. & Kandampully, J. (2008) 'The Antecedents of Customer Satisfaction with Online Travel Services: A Conceptual Model', *European Business Review, vol. 20, no. 1: 4 - 19.*

o Okazaki, S., & Skapa, R. (2008) 'Global Website Standardization in the New EU Member States: Initial Observations from Poland and the Czech Republic", *European*

o *Journal of Marketing, vol. 42, no. 11/12: 1224-1245.*

o Okazaki, S. (2005) "Searching the Web for Global Brands: How American Brands Standardize Their Websites in Europe", *European Journal of Marketing,* vol. 39, no. 1/2:87-109.

o Okazaki, S. & Alonso, J. (2003) 'Right Messages for the Right Side: Online Creative Strategies by Japanese Multinational Corporations", *Journal of Marketing Communications, vol. 9, no. 4: 221 - 239.*

o O'Leary, C., Rao, S. & Perry, C. (2004) 'Improving Customer Relationship Management through Database/ Internet Marketing: A Theory -Building Action Research Project", *European Journal of Marketing, vol. 38, no. 34: 338 - 354.*

o Patterson, G., Johnson, L. & Spreng, R. (1997) ' Modelling the Determinants of Customer Satisfaction for Business - to - Business Professional Services', *Academy ofMarketing Science Journal, vol. 25, no.1 : 4 - 17.*

o Patel, R., & Tebelius, U. (1987)'Grundbok i forskningsmetodik Kvalitativt och Kvantitativt', *Lund, Suécia: Studentlitteratur.*

o Rangaswamy, A., Shankar, V. & Pusateri, M. (2001) 'The Online Medium & Price Sensitivity', *(Documento de trabalho), College Park, MD: University of Maryland.*

o Reichheld, F. & Schefter, P. (2000) 'E-loyalty: Your secret weapon on the Web", *Harvard Business Review, Vol. 78, no.4:* 105-113.

o Roschmaim, K. & Ziyadullaeva, M. (2011) 'Empirical Testing of Selected Critical Success Factors in CRM Implementation Projects', *Tese de Mestrado em Gestão de TI,* Malardalens Hogskola, 7 de junho^th .

o Santos, J. (2003) 'E-service quality: A model of virtual sérvice quality dimensions", *Managing Service Quality, Vol. 13, no. 3:233-246.*

o Sekaran, U. (1992) ' Research Methods for Business', 2nd ed. Wiley, Nova Iorque.

o Shankar, V., Smith, A. & Rangaswamy, A. (2003) 'Customer Satisfaction & Loyalty in Online & Offline Environments', *International Journal of Research in Marketing, vol. 20: 153 - 175.*

o Shaupp, C. & Belanger, F. (2005) 'A Conjoint Analysis of Online Customer Satisfaction', *Journal ofElectronic Commerce Research, Vol. 6, no.2: 95 - 111.*

o Shih, H. (2004) 'An Empirical Study on Predicting User Acceptance of EShopping on the Web', *Information and Management, Vol* 41, no. 3: 351-368.

o Singh, N. & Baach, D. (2004) 'Website Adaptation: A Cross Cultural Comparison of U.S. & Mexican Websites', *Journal of Computer -Mediated Communication, vol. 9, no. 4.*

o Singh, N., Furrer, O., & Ostinelli, M. (2004) 'To Localize or to Standardize on the Web: Empirical

Evidence from Italy, India, Netherlands, Spain & Switzerland", *Multinational Business Review, vol. 12, no. 1: 69 - 87.*

o Singh, N., Hongxin, Z., & Xiaorui, H. (2003) 'Cultural Adaptation on the Web: A

o Study of American Companies' Domestic & Chinese Websites', *Journal of Global Information Management, vol. 11,* no. 3 : 63-80.

o Singh, N. & Boughton, P. (2002) 'Measuring Website Globalization: A Cross - sectional Country & Industry Level Analysis', *American Marketing Association Conference Proceedings, vol. 13: 302 - 303.*

o Sinkovics, R., Yamin, M. & Hossinger, M. (2007) 'Cultural Adaptation in Cross Border E- Commerce: A Study of German Companies", *Journal of Electronic Commerce Research, vol. 8, no. 4.*

o Sutikno, B. & Cheng, J. (2011) 'Websites Glocalzation in Indonesia: Do Products & Websites Category Matter? *World Review of Business Research, vol. 1, no. 1: 201 - 210.*

o Taylor, .R & Johnson, M. (2002) 'Standardized vs. Specialized International Advertising Campaigns: What We Have Learned from Academic Research in the 1990s', *New Directions in International Advertising Research, vol. 12, no. 1 : 4566*

o Teo, T. S. H., & Pian, Y. (2004) 'A Model for Web Adoption', *Information & Management, 41 (4), 457-468.*

o Theodosiou, M. & Leonidou, C. (2003) 'Standardization versus Adaptation of International Marketing Strategy: An Integrative Assessment of the Empirical Research", *International Business Review, vol. 12, no. 2: 141 - 171.*

o Tixier, M. (2005) 'Globalization and Localization of Contents: Evolution of Major Internet Sites across Sectors of Industry", *Thunderbird International Business Review, 15-48.*

o Trejo-Gonzalez, E. (2010) "As empresas mexicanas adaptam culturalmente os seus sítios Web? *Journal ofPromotion Management, vol. 16, no. 4: 480 - 493.*

o Unilever. (2012) 'Unilever at a Glance' [Online] Disponível em: *http://www.unilever.com.bd/* [Acedido em 26 de abril[th] , 2012],

o Van Nierop, J., Leeflang, P., Teerling, M. & Huizingh, K. (2011) 'The Impact of the Introduction and Use of an Informational Website on Offline Customer Buying Behavior, *International Journal of Research in Marketing, Vol. 28: 155 - 165.*

o Watson, J. (1994a) *'In Search of Management: Culture, Chaos and Control in Management",* Londres: Routledge.

o Weathers, D., Sharma, S., & Wood, S. (2007) 'Effects of online communication practices on consumer perceptions of performance uncertainty for search and experience goods', *Journal of Retailing, Vol. 83, no.4:393-401.*

o Wilkinson, S. (1998) 'Focus Groups in Feminist Research: Power, Interaction & the Co-Production of Meaning', *Women 's Studies International Forum, vol. 21: 111- 25.*

o Wind, J., & Rangaswamy, A. (2001)' Customerization: the Next Revolution in Mass Customization', *Journal ofInteractive Marketing, vol.15, no. 1:13- 32.*

o Wolfinbarger, M. & Gilly, M. (2001) 'Shopping Online for Freedom, Control & Fun', *California Management Review, vol. 43, no. 2: 34 - 55.*

o *Banco Mundial. (2009) 'ICT at a Glance',* [Em linha] Disponível em: http://devdata.worldbank. org/ict/bgd_ict.pdf, [Consultado novamente em 19 de maio de 2012].

o Yamin, M. & Sinkovics, R. (2006) 'Online Internationalization, Psychic Distance Reduction & the Virtuality Trap', *International Business Review,* vol. 15, no. 4: 339-360.

o Yin, K. (1994). 'Case Study Research & Design & Methods', 2nd edn, Londres: Sage.

o Zeithaml, V., Parasuraman, A. & Malhorta, A. (2001) 'A Conceptual Framework for Understanding e-service Quality: Implications for Future Research & Managerial Practice', *Marketing Science Institute, Cambridge, MA.*

o Zei tharnl, V., Parasuraman, A. & Malhorta, A. (2002) 'Service Quality Delivery through Websites: A Critical Review of Extant Knowledge', *Journal of the Academy ofMarketing Science, Vol. 30, no.4: 362 - 75.*

Atributos principais dos participantes nos grupos de discussão

Social Characteristics of the Focus Groups						
Social Status	**Age**	**Education**	**Gender**		**Profession**	**Internet Use**
			M	**F**		
Middle Class	20 - 25	University level	45	15	Students	Regular Users

Participantes nos grupos de discussão

Focus Group A				
	Name	*Background*	*Companies Familiarity*	*Online Shopping*
1	Enamul Haq	MBA	Yes	Frequently
2	Farjana Yesmin	Computing	Yes	Frequently
3	Farhana Sharmin	MBA	Yes	Occasionally
4	Lutfun Nahar	Computing	Yes	Frequently
5	Nirmol Banik	Computing	Yes	Frequently
6	Anamul Hasan	MBA	Yes	Frequently

Focus Group B				
	Name	*Background*	*Companies Familiarity*	*Online Shopping*
1	Afra Chowdhury	Computing	Yes	Occasionally
2	Hossen Miazee	Computing	Yes	Occasionally
3	Iqbal Hossen	MBA	Yes	Occasionally
4	Tameem Iqbal	MBA	Yes	Frequently
5	Zarrin Tasnim	MBA	Yes	Frequently
6	Mehsodul Hasan	Computing	Yes	Frequently

Focus Group C			
	Name	*Background*	*Companies Familiarity*	*Online Shopping*
1	Maria Afroze	MBA	Yes	Frequently
2	Nafisa Afrin	MBA	Yes	Frequently
3	Ali Tasaduq	MBA	Yes	Frequently
4	Ali Khan	Computing	Yes	Frequently
5	Amir Hussein	Computing	Yes	Occasionally
6	Asim Shafeeq	Computing	Yes	Occasionally

Focus Group D			
	Name	*Background*	*Companies Familiarity*	*Online Shopping*
1	Imran Ismail	Computing	Yes	Frequently
2	Hassan Iqbal	MBA	Yes	Frequently
3	Roselin Khan	MBA	Yes	Frequently
4	Tanzina Haque	MBA	Yes	Occasionally
5	Mehnaz Shahid	Computing	Yes	Ocassionally
6	Shafeeq ur Rehman	Computing	Yes	Frequently

Focus Group E			
	Name	*Background*	*Companies Familiarity*	*Online Shopping*
1	Nivea Islam	Computing	Yes	Frequently
2	Taskin Haque	Computing	Yes	Frequently
3	Mohammad Shakib	Computing	Yes	Frequently
4	Atta ur Rehman	MBA	Yes	Frequently
5	Mohammad Rafiq	MBA	Yes	Frequently
6	Shakeel ur Rehman	MBA	Yes	Frequently

Focus Group F			
	Name	*Background*	*Companies Familiarity*	*Online Shopping*
1	Mohammad Ali	Computing	Yes	Occasionally
2	Aniq ur Rehman	Computing	Yes	Frequently
3	Tasaduq Hassan	MBA	Yes	Occasionally
4	Mohammad Jamil	MBA	Yes	Frequently
5	Naziza Bari	MBA	Yes	Occasionally
6	Tauseef Ahmad	Computing	Yes	Occasionally

Focus Group G			
	Name	*Background*	*Companies Familiarity*	*Online Shopping*
1	Mohammad Imran	Computing	Yes	Frequently
2	Mushfiq ur Rehman	Computing	Yes	Frequently
3	Tamim Iqbal	Computing	Yes	Frequently
4	Nazim ud din	MBA	Yes	Frequently
5	Parisa Khan	MBA	Yes	Frequently
6	Junaid Mohammad	MBA	Yes	Frequently

Focus Group H			
	Name	*Background*	*Companies Familiarity*	*Online Shopping*
1	Imrul Kayes	MBA	Yes	Occasionally
2	Shahriar Mohammad	MBA	Yes	Frequently
3	Shuvagata Hom	MBA	Yes	Frequently
4	Shahriar Nafees	Computing	Yes	Frequently
5	Ahraful Hassan	Computing	Yes	Occasionally
6	Alok Kapali	Computing	Yes	Occasionally

<table>
<tr><td colspan="5" align="center">Focus Group I</td></tr>
<tr><td></td><td>Name</td><td>Background</td><td>Companies Familiarity</td><td>Online Shopping</td></tr>
<tr><td>1</td><td>Naeem Islam</td><td>Computing</td><td>Yes</td><td>Frequently</td></tr>
<tr><td>2</td><td>Nasir Hossain</td><td>Computing</td><td>Yes</td><td>Frequently</td></tr>
<tr><td>3</td><td>Ali Tasaduq</td><td>MBA</td><td>Yes</td><td>Frequently</td></tr>
<tr><td>4</td><td>Mohammad Junaid</td><td>MBA</td><td>Yes</td><td>Frequently</td></tr>
<tr><td>5</td><td>Juhur ul Islam</td><td>MBA</td><td>Yes</td><td>Frequently</td></tr>
<tr><td>6</td><td>Farhad Mohammad</td><td>Computing</td><td>Yes</td><td>Frequently</td></tr>
</table>

<table>
<tr><td colspan="5" align="center">Focus Group J</td></tr>
<tr><td></td><td>Name</td><td>Background</td><td>Companies Familiarity</td><td>Online Shopping</td></tr>
<tr><td>1</td><td>Mohammad Farooq</td><td>Computing</td><td>Yes</td><td>Frequently</td></tr>
<tr><td>2</td><td>Ateeq ur Rehman</td><td>Computing</td><td>Yes</td><td>Frequently</td></tr>
<tr><td>3</td><td>Mati ur Rehman</td><td>Computing</td><td>Yes</td><td>Occasionally</td></tr>
<tr><td>4</td><td>Ali Hassan</td><td>MBA</td><td>Yes</td><td>Occasionally</td></tr>
<tr><td>5</td><td>Farhad Raza</td><td>MBA</td><td>Yes</td><td>Occasionally</td></tr>
<tr><td>6</td><td>Raqib ul Hasan</td><td>MBA</td><td>Yes</td><td>Occasionally</td></tr>
</table>

Apêndice B

Perguntas dos grupos de discussão

No	Theme	Questions
1	Significance of Websites	• *Are websites significant?* • *What are their prime functions?*
2	Standardization v. Adaptation	• *Is Standardization or/and Adaptation Significant in terms of a website customer satisfaction context?* • *Is there an optimal level of standardization and adaptation for enhanced customer online satisfaction?*

3	Online Customer Satisfaction	• *What are the salient features of a website in terms of online customer satisfaction?* • *What features of a website play a vital role in attracting, retaining and eventually triggering a buying behaviour?*
4	Adhuli Website Strengths & Weaknesses	• *What makes you go and shop on Adhuli website?* • *In terms of Standardization & Adaptation, how would you rank the company website?*
5	Unilever Website Strengths & Weaknesses	• *Why visit the company website when it doesn't engage in direct buying?* • *How standardized or adapted do you think the company website is?*

Pessoas entrevistadas

Mohammad Ashraf ul, gestor Web, 27 anos, Ms Information Technology, Adhuli, Dhaka, Bangladesh

Shakeeb ul Hassan, Web Designer, 24 anos, Mestrado em Informática, Adhuli, Daca, Bangladeche

Mohammad Amin, gestor de marketing eletrónico, Adhuli, 31 anos, Ms Information Technology, Dhaka, Bangladesh

Noor ul Habib, Web Designer, Adhuli, 26 anos, MBA em Marketing, Dhaka, Bangladesh

Naimur Rahman, gestor de TI, Unilever, 29 anos, licenciado em engenharia de software, Dhaka, Bangladesh

Khaled Mashud, Programador de E- Business, 27 anos, MBA em Marketing, Unilever, Daca, Bangladesh

Nasir Hossain, estratega de marketing, 32 anos, MBA em marketing, Unilever, Daca, Bangladesh

Junaid Iqbal, Web Designer, Unilever, 26 anos, Ms Information Technology, Dhaka, Bangladesh

Entrevistas Perguntas temáticas

No	Theme	Questions
1	Website	1. *What's the primary and secondary purpose of your website?* 2. *What goes into the design and construction of your website?* 3. *Does the 'One size fits all' mentality dictate the design of your website?*

2	Standardization	*1. What are the practical uses of standardization for your website?* *2. Other than costs concerns, why standardize?* *3. How do you reconcile uniformity as in standardization with localization in adaptation?* *4. How important is the notion of online customer satisfaction in the decision to standardize a website?* *5. Does the nature of your website, direct vs. supporting, influence the amount of standardization that goes into your website?* *6. What other benefits in terms of OCS can standardization add to a website?*
3	Adaptation	*1. Isn't it always great to assimilate and integrate your website in accordance with the needs of the market?* *2. What are the critical reasons a company website adapts?* *3. Does an adapted website connect better with customers within that particular market?* *4. How far should a company website adapt in accordance with the market realities of a specific market?* *5. How do you hit the right mix of adaptation vs. standardization and what are the rules that govern such a calculation?* *6. What characteristics of your online customers influence the level of adaption within your website?*
4	Bangladeshi Market	*1. What do you make of the Bangladeshi market in terms of its scope for your website?* *2. What features of this market influence the design of your website?* *3. Do market dynamics impact your decision to standardize or adapt your website within this particular market?*

5	Online Customer Satisfaction	1. Is customer satisfaction online significant for your company?
		2. Do you think your website, as the prime avenue to connect with customers online, takes into account customer online satisfaction?
		3. What in your opinion would be the best way to enhance online customer satisfaction via your website?

Formulário de consentimento e informação para os participantes nas entrevistas

A. Formulário de consentimento

Declaro que compreendi e li integralmente as informações fornecidas na ficha de informação. Além disso, confirmo também que me foi dado tempo suficiente para obter mais informações sobre o estudo e sobre a natureza e as condições da minha participação no mesmo. Por conseguinte, concordo em:

1. Participar no estudo por minha própria iniciativa.
2. Consentimento para ser entrevistado e gravado em áudio para esse efeito.
3. Compreendo e concordo que tudo o que disser durante a entrevista pode ser utilizado e citado no estudo sem que seja revelada a minha identidade.
4. Reservo-me o direito de me retirar do estudo em qualquer altura, sem necessidade de dar explicações.

Participante: Data

Investigador: Data:

B. Ficha de informação

Gostaríamos de aproveitar esta oportunidade para lhe explicar o objetivo e a natureza do nosso estudo e a razão da sua participação.

Objetivo do estudo

O nosso principal objetivo é investigar o papel da normalização e da adaptação no sítio Web de uma empresa em termos da sua função de satisfação do cliente em linha. Empresas de todos os tipos, envolvidas na venda direta através dos seus sítios Web ou simplesmente tentando complementar a construção da sua imagem de marca, utilizam os seus sítios Web para atrair clientes e, por conseguinte, esforçam-se por encontrar um nível ótimo de normalização e adaptação nos seus sítios Web para satisfazer as necessidades dos seus clientes em linha. No nosso estudo, gostaríamos de conhecer o entendimento da sua empresa a este respeito e saber como é que, enquanto empresa, encara este aspeto vital do seu sítio Web quando se trata de atrair e reter clientes em linha. Este entendimento, na nossa opinião, pode ter enormes implicações para as pequenas e médias empresas que pretendem aproveitar o potencial dos seus sítios Web como forma de venda direta e de construção da imagem da marca. Também pode esclarecer a forma como uma empresa multinacional olha para um determinado mercado e interioriza as especificidades desse mercado na construção e conceção do seu sítio Web, a fim de estabelecer uma melhor ligação com o seu cliente em linha e aumentar a sua satisfação em linha.

A entrevista

A sua opinião a este respeito seria extremamente importante para o nosso estudo e, por conseguinte, gostaríamos de obter a sua compreensão do tema na perspetiva da sua empresa. Em caso de acordo da sua parte, o local, a data e os horários exactos da entrevista serão decididos de acordo com os seus desejos. No entanto, a duração da entrevista será de cerca de uma hora e o conteúdo da entrevista será registado através de um gravador áudio.

É importante mencionar, para sua informação, que o conteúdo da entrevista será utilizado apenas para fins de investigação e não terá qualquer aspeto comercial. Gostaríamos também de o informar que as informações fornecidas por si através da entrevista serão guardadas em segurança e arquivadas de acordo com as regras de privacidade dos dados. Os dados serão utilizados apenas de forma anónima, respeitando sempre a sua privacidade.

Gostaríamos de agradecer mais uma vez a sua participação no estudo. Caso tenha mais alguma questão sobre o estudo, gostaríamos de o ouvir e faremos o nosso melhor para lhe fornecer as informações necessárias.

Gul Hakeem
gulhakim@yahoo.com
+46700556

Md.Nazmul Hasan
bdnazmul@gmail.com
816+46704347644

yes
I want morebooks!

Buy your books fast and straightforward online - at one of world's fastest growing online book stores! Environmentally sound due to Print-on-Demand technologies.

Buy your books online at
www.morebooks.shop

Compre os seus livros mais rápido e diretamente na internet, em uma das livrarias on-line com o maior crescimento no mundo! Produção que protege o meio ambiente através das tecnologias de impressão sob demanda.

Compre os seus livros on-line em
www.morebooks.shop

Printed by Books on Demand GmbH, Norderstedt / Germany